実務叢書 わかりやすい不動産の適正取引 シリーズ

紛争事例で学ぶ
不動産取引のポイント

著：紛争事例研究会
編集：（一財）不動産適正取引推進機構

巻頭言

　不動産取引をめぐる紛争については、これまでの官民の努力が功を奏して、近年は、紛争相談の件数や、行政庁の監督処分の件数は、減少傾向にあります。

　しかしながら、不動産市場の近年の状況を見ると、市場全体では量的な充足が達成されている状況の中で、不動産取引をめぐって消費者が求める品質や情報などの水準が益々高まってきています。
　また、例えば、市場全体が徐々にではありますが、新築住宅から既存住宅にシフトしてきたり、超高齢化社会の進展により、高齢者に対して、これまでにも増して丁寧な説明が必要となってきているなど、様々な状況変化の進展も見られます。

　このため、不動産取引をめぐっての紛争も多様化してきており、宅地建物取引業者（宅建業者）、宅地建物取引士、宅建業者の従業員等は、不動産の適正取引を確保し、後々のトラブルを予防するために、紛争解決指針として最も権威があると言える近年の裁判例の動向を理解しておくことが重要となっています。

　本書は、近年の裁判例のうち、特に理解しておくべきものを抽出し、論点ごとに体系的に整理し、裁判例に対するコメントを付したものです。
　不動産取引紛争は、様々な内容がありますので、全てを網羅することは困難ですが、掲載された紛争の内容を読んでいただき、裁判所の結論がどのようになるのか考えていただいた上で、裁判所の結論やコメントを読んでいただくと、おのずから、不動産の適正取引や紛争予防の知識、ノウハウが身につくものと考えます。
　また、本書は、宅地建物取引業（宅建業）に関わる方々だけでなく、不動産取引をお考えの消費者の方々、不動産取引に関心のある方々にも参考になるものと考えています。

本書により、読者の方々の不動産の適正取引や紛争予防の知識等が深まり、我が国における不動産の適正取引のさらなる推進や、宅建業の信頼産業としての地位のさらなる確立に、寄与するところがあれば、幸いです。

　なお、不動産取引紛争の裁判所の判断は、個別事案における諸事情を総合的に考慮した上で行われるものであり、本書にて掲載した事例は一つの目安を示しているものであることにご留意頂ければと存じます。また、本書中の見解にわたる部分については、研究会のメンバーが属する組織のものでなく、研究会としての見解であることを念のために申し添えます。

令和元年8月

紛争事例研究会
（（一財）不動産適正取引推進機構　調査研究部　内）

紛争事例で学ぶ 不動産取引のポイント

目　次

巻頭言

第1章　調査・説明不足に関するトラブル

Ⅰ　法令上の制限に関するもの

01　建築可能と説明されたのに、斜線制限で建たなかった。……………4

02　媒介業者の説明義務違反により、建築を予定していた二世帯住
宅が建たない。………………………………………………………7

03　幅員4m未満の位置指定道路の境界に争いがあり、契約解除し
たい。…………………………………………………………………10

04　長屋として建築確認を受けた住宅を一戸建として販売され、転
売できない。…………………………………………………………13

05　仮換地を購入したが、賦課金がかかることは聞いていない。………16

06　土地収用の可能性の存在を説明されなかった。……………………19

07　液状化危険度マップでは危険性が高いとされているのに、その
説明がなかった。……………………………………………………22

08　媒介業者が飲食店開業の可否を事前に調査せず、損害を受け
た。……………………………………………………………………25

Ⅱ　境界・越境に関するもの

09　媒介業者から土地の境界について誤った説明を受けた。……………30

10　土地を購入したが、公図上の土地所有者から明渡しを求められ
ている。………………………………………………………………33

11　媒介業者から越境物について誤った説明を受けた。………………36

Ⅲ　建物・設備等に関するもの

12　媒介業者は、建物の不具合を知っていたのに告知しなかった。……40

13　収益マンションを買ったが、雨漏りと敷金引受けの説明がな
かった。………………………………………………………………43

14　設備に関する定期点検記録の説明がないとして、買主が媒介報
酬を払ってくれない。………………………………………………46

15 購入したマンションの室内で水銀汚染があった。………………49

IV 心理的瑕疵に関するもの
16 購入した土地で3年前に火災死亡事故があった。……………54
17 マンション1棟を購入したが、このマンションで元の所有者の
家族が飛び降り自殺をしていたことがわかった。………………57

V 生活環境に関するもの
18 隣接地域に産業廃棄物処分場の建築計画があることを聞いてい
ない。………………………………………………………………62
19 17年前に買った土地に、土壌汚染があることがわかった。………65
20 住宅の売主と媒介業者が、隣人とのトラブルを説明しなかっ
た。…………………………………………………………………68
21 暴力団事務所が近隣ビルにあることの説明がなかった。…………71

VI その他
22 媒介業者が売買すべき価額の算定根拠等を告知しなかったた
め、被った損害を媒介業者等に求めたい。………………………76
23 住宅ローン借入れについて媒介業者が助言してくれず、売買契
約を解除されてしまった。…………………………………………79
24 外国法人から不動産を買い受けたが、源泉徴収義務に関する説
明がなかった。……………………………………………………82
25 貸主が破綻して預けていた敷金等が回収できなくなったが、心
配ないと説明した媒介業者に責任を問いたい。…………………85
26 投資用不動産購入の勧誘を受け、高額な価格で買わされた。………88
27 原野商法被害に遭い、専任の宅地建物取引士の責任を問いた
い。…………………………………………………………………91
28 宅建業者が、高齢の父の意思能力の欠如に乗じて土地を買い
取ってしまった。…………………………………………………94

第2章 契約解除に関するトラブル
29 残代金決済の場で、買い主が手付金を放棄して契約を解除した
いと言い出した。…………………………………………………99

| 30 | ローン解除を申し入れても手付金を返してくれない。 | 102 |

31　クーリング・オフによる契約解除と手付金の返還を請求したい。 ……………………………………………………………………… 104

32　土地売買を繰り返し行わせる原野商法の被害にあった。 ………… 106

33　合意書を締結していたのに、売主が別の者に売却した。 ………… 109

第3章　瑕疵担保責任（種類・品質に関する契約不適合責任）に関するトラブル

34　購入した土地が軟弱地盤であり、土地改良工事費を売主に請求したい。 ……………………………………………………………… 115

35　リフォーム済みで購入した中古住宅から、シロアリの被害が発見された。 …………………………………………………………… 118

36　現状有姿で土地建物を購入したが、漏水や内装の汚損がひどく、売主に改修工事費用を請求したい。 ……………………………… 120

37　買った建物に消防法違反があり、補修を余儀なくされた。 ……… 122

38　中古マンションの購入直後に、給湯器に故障が見つかった。 …… 125

39　取り壊された建物内で、売買契約の8年前に殺人事件があった。 ………………………………………………………………………… 128

第4章　建物の賃貸借に関するトラブル

40　賃貸借契約に反してペットの飼育を続ける借主に退去を求めたい。 ……………………………………………………………………… 133

41　騒音がひどいと言って、賃料を一部しか払わないテナントとの契約を解除したい。 …………………………………………………… 136

42　保証会社から家賃の代位弁済は受けているが、自ら家賃を払わない賃借人に対し建物明渡を請求したい。 ……………………… 139

43　実際の床面積が契約面積より狭いとして、テナントが一方的に家賃を減額してきた。 ……………………………………………… 142

44　耐震改修を行いたいが、テナントが出ていってくれない。 ……… 145

45　賃貸マンションの退去時に、通常損耗を含む原状回復工事費用を請求された。 …………………………………………………………… 148

46　賃貸人自身が退去時のハウスクリーニングを実施しているのに、その費用を負担させられた。 ………………………………… 150

iii

47 国籍を理由に賃貸借契約の締結を拒否された。‥‥‥‥‥‥‥‥‥ 153

第5章　媒介契約と媒介報酬に関するトラブル

48 売買交渉から外されてしまったが、媒介報酬は請求できるはず
だ。‥‥‥‥‥‥‥‥‥‥‥‥‥‥‥‥‥‥‥‥‥‥‥‥‥‥‥‥‥ 157

49 解除された売買契約が同じ当事者間で再度締結されたので、当
社の寄与度に応じ報酬を請求したい。‥‥‥‥‥‥‥‥‥‥‥‥‥ 160

50 無免許の個人が宅建業者の従業員として行った取引について、
利益分配の合意に基づき報酬を請求したい。‥‥‥‥‥‥‥‥‥‥ 163

51 賃貸人からいったん合意した広告料の返還を求められている。‥ 166

第6章　近隣に関するトラブル

52 隣地建物の建て替えにより、日照被害を被っている。‥‥‥‥‥ 171

53 騒音で営業妨害されたので、テナントと賃貸人に責任追及した
い。‥‥‥‥‥‥‥‥‥‥‥‥‥‥‥‥‥‥‥‥‥‥‥‥‥‥‥‥‥ 174

54 隣地アパート住人の私道通行を禁止したい。‥‥‥‥‥‥‥‥‥ 177

55 私道所有者から、車両通行や埋設管の利用は所有権の侵害と主
張されている。‥‥‥‥‥‥‥‥‥‥‥‥‥‥‥‥‥‥‥‥‥‥‥ 180

56 ２項道路の所有者が道路上に鉄柱等を設置したが、問題ではな
いか。‥‥‥‥‥‥‥‥‥‥‥‥‥‥‥‥‥‥‥‥‥‥‥‥‥‥‥ 183

第7章　マンション管理に関するトラブル

57 階下の住人の深夜の歌声がうるさく、我慢の限度を超えてい
る。‥‥‥‥‥‥‥‥‥‥‥‥‥‥‥‥‥‥‥‥‥‥‥‥‥‥‥‥‥ 189

58 分譲マンション上階の子供の泣き声や掃除機による騒音に悩ま
されている。‥‥‥‥‥‥‥‥‥‥‥‥‥‥‥‥‥‥‥‥‥‥‥‥‥ 192

59 騒音発生にかかる執拗な苦情申し立て等は、名誉感情を侵害す
るのではないか。‥‥‥‥‥‥‥‥‥‥‥‥‥‥‥‥‥‥‥‥‥‥‥ 194

60 管理規約上禁止されている民泊営業をやめさせたい。‥‥‥‥‥ 197

61 管理組合費に含めて徴収すると管理規約で定められた町内会費
を払わない区分所有者がいる。‥‥‥‥‥‥‥‥‥‥‥‥‥‥‥‥ 200

第1章
調査・説明不足に関するトラブル

　不動産取引のトラブルで多く見られるものの一つとして、宅地建物取引業者（以下「宅建業者」といいます。）の調査・説明不足に関するトラブルがあります。

　具体的には、買主等から、媒介（仲介とも言いますが、以下、統一して「媒介」といいます。）を行った宅建業者、または、売主である宅建業者に対して、取引に関して調査や説明が不足していたとして、損害賠償等の責任が追及されるトラブルです。

　まず、宅建業者は、宅地建物取引業法（以下「宅建業法」といいます。）に基づき、売買に当たっては、媒介業者または売主として、買主に対して、あるいは、賃貸に当たっては、媒介業者として、借主に対して、宅建業法に列記された事項など取引の判断に影響を及ぼすような重要事項について調査・説明する義務があります。

　このような義務は、違反した場合に、行政庁から、宅建業者に対して、宅建業法上の監督処分等が行われることがある行政法上の義務です。

　次に、上記の行政法上の義務と類似する部分も多いですが、別の義務として、民法上の義務があります。一つには、「媒介業者」として、媒介契約の相手方である依頼者（買主等）との関係で、「善管注意義務」（専門家としての高度の注意義務）があり、重要事項について必要な調査・説明を行う義務があるとされます。媒介業者は、この義務に違反すると、買主等から、損害賠償請求等の責任が追及されます。

　なお仮に、媒介契約がない場合であっても、媒介業者は、「業務上の一般的な注意義務」があるとされ、抽象的には、「善管注意義務」とは異なりますが、実態的には、あまり異ならない義務となっているとされ

ています。

　もう一つには、「売主業者」として、契約締結過程における信義則上の注意義務があり、重要事項について必要な調査・説明を行う義務があるとされます。売主業者は、この義務に違反すると、買主等から、損害賠償請求、契約解除等の責任が追及されます。

　調査・説明すべき重要事項の具体的な範囲については、宅建業法35条（政省令を含む。）では、具体的に列記されていますが、当該条文では、「少なくとも」と書かれているとおり、列記事項に限られていないとされています。いわんや、民法上の義務については、具体的な規定はありません。

　個別の具体的な判断は、最終的には、個別具体的な諸事情を総合的に勘案して判断するしかないわけですが、その際、最も参考になるのは、これまでの裁判所の判断です。

　本章では、近年の裁判例から、典型的な事例を選び、以下の区分に整理して、掲載しています。宅建業者等にあっては、トラブルの未然防止を図るため、裁判所の判断も踏まえつつ、十分な調査・説明を行うことが必要です。

Ⅰ　法令上の制限に関するもの
Ⅱ　境界・越境に関するもの
Ⅲ　建物・設備等に関するもの
Ⅳ　心理的瑕疵に関するもの
Ⅴ　生活環境に関するもの
Ⅵ　その他

I

法令上の制限に
関するもの

01 建築可能と説明されたのに、斜線制限で建たなかった。

<責任の主体：売主業者・媒介業者（売買）>
<請求の根拠：説明義務違反に基づく損賠賠償請求>

私は、宅建業者Ｙ１の媒介で、Ｙ２（宅建業者）から約33㎡の土地を買いました。建物の大きさが100㎡程度必要だったので、Ｙ１に確認したところ、「問題なく建つ。」との説明だったのに、実際には建ちませんでした。売主と媒介業者はきちんと調査・説明する義務があると思います。

（Ｘ氏　52才　デザイナー）

■苦情の内容■

　Ｘさんは、延べ100㎡の居宅兼工房を建築する目的で土地を探していました。Ｘさんが媒介業者Ｙ１と媒介契約を結ぶ際も、この目的を条件としました。

　Ｘさんは、平成18年６月、Ｙ１の斡旋で都内にある33.02㎡の土地（本物件）を、宅建業者Ｙ２から2,830万円で購入し、同年７月に引渡しを受けました。

　Ｙ１が行なった重要事項説明では、「建ぺい率80％、容積率300％、第２種高度地区」との説明のみであり、制限内容の具体的な説明や資料の添付はありませんでした。また、Ｙ２は、重要事項説明の場に同席せず、Ｘさんの購入目的も知りませんでした。

　同年12月、Ｘさんが工務店に実施設計を依頼したところ、第２種高度地区の斜線制限により、延べ100㎡の建物の建築は困難であるとの連絡を受けました。

　本物件が不要になってしまったＸさんは、Ｙ１・Ｙ２と買戻し等の話合いを行なっていましたが、翌年６月、本物件を第三者に2,860万円で売却しました。

　Ｘさんは、Ｙ１とＹ２に対し、本物件転売に要した諸費用等307万円余を請求しましたが、Ｙ１・Ｙ２が拒否したので、Ｙ１とＹ２の所属団体に苦情解決を申し立てました。

■Ｙ１の言い分■

重要事項説明では、第２種高度地区の説明は行っています。Ｘさんの購入目的は確かに聞いていましたが、Ｘさんは、自分で頼んだ設計事務所に相談していて、口出しさせなかったのです。

◆Ｙ２の言い分◆

私は、重要事項説明の場に同席していません。Ｘさんの購入目的も知りませんでした。ただ、第２種高度地区の説明は行っています。また、買戻しの話合いの最中に第三者に売却してその損失を請求するのはおかしいと思います。

▶トラブルの結末◀

Ｘさんは、Ｙ１・Ｙ２がＸさんの目的とする建物が建たないことを説明する義務に違反したとして、本物件転売に要した諸費用等307万円余のほか、慰謝料100万円、弁護士費用50万円の損害賠償を請求して訴えました。

裁判所は、次のように判示し、Ｘさんの訴えを一部認めました。

1. 宅建業者は、建築基準法等に基づく制限に関する事項等の重要事項を説明する義務を負う。不動産媒介契約は、民事仲立であり民法上の準委任契約に該当するところ、媒介業者は媒介契約に基づき、委任者に対し、契約の本旨に従い、善良なる管理者の注意義務を負う。Ｙ１は、本物件における法的規制の具体的内容の説明を通して、Ｘの目的とする建物が建築できるかどうかについても説明する義務があるが、Ｙ１はＸに「延べ100㎡の家というのは問題なく建つ」旨の説明をしており、本件媒介契約に基づく説明義務に違反した債務不履行がある。

2. 宅建業者が宅地建物の売買の売主となる場合、宅建業者が媒介した場合でも、買主に対して重要事項説明の義務を負う。

   Ｙ２がＹ１のＸに対する重要事項の説明に立ち会っていれば、Ｙ１の不十分な説明についてＹ２自らが補足し、十分な説明をする機会があった。したがって、Ｙ２は本件売買契約に付随する説明義務に違反した債務不履行がある。

3．慰謝料については、Ｙ１・Ｙ２の債務不履行により、Ｘが精神的損害を被ったとしても、財産的損害が回復されることにより、精神的損害も慰謝されるのが通常といえるところ、本件に現れた一切の事情を総合しても、Ｘの精神的損害が財産的損害の賠償をもっても慰謝されないとする特別の事情を認めることは出来ない。

4．弁護士費用については、Ｙ１・Ｙ２の債務不履行が、不法行為にも該当する場合、諸般の事情を斟酌して相当と認められ得る額の範囲内のものに限り、同不法行為と相当因果関係にある弁護士費用の賠償が認められる。しかし、本件媒介契約または本件売買契約に基づく説明義務違反をもって、不法行為の要件を満たす程度の違法性があるということはできない。

トラブルから学ぶこと

　本件は、買主の「延べ100㎡の建物が可能か」という質問について、媒介業者が、自身では確実なことはわからないので、建築士に確認するようアドバイスをしていれば、トラブルにならなかったと思われます。

　買主が専門家等に相談していたとしても、宅建業者が「問題なく建つ」と言ったことについて説明義務は免れないこと、媒介業者が介在しても売主たる宅建業者の説明義務は免れないこと、売主と媒介業者は重要事項説明で連帯責任を負うことを示す一方、慰謝料・弁護士費用の請求を否認した本判決は、実務において参考となるものです。

（参考裁判例：平成21年4月13日東京地裁判決）

02 媒介業者の説明義務違反により、建築を予定していた二世帯住宅が建たない。

<責任の主体：媒介業者（売買）>
<請求の根拠：説明義務違反に基づく損賠賠償請求>

> 私は、二世帯住宅建設のため、中古住宅を購入しました。引渡後、建物を建替えしようとしたところ、敷地と道路との関係による制限により、当初予定していた建物計画が不可能であることが分かりました。これは、媒介業者の重要事項説明違反ですから、媒介業者は、損害賠償費責任を負うべきだと思います。
>
> （X氏　43才　自営業）

●苦情の内容●

　X1さんは、平成17年2月26日に宅建業者Yの媒介で、都内にある中古戸建て住宅を2億2,000万円で購入する旨の契約を、X1さんの経営する法人名義（X2）で結び、翌年3月31日に引渡を受けました。

　契約の際、X1さんは、この物件について、建ぺい率40%、容積率80%であること、建築基準法上の道路には接面せず、建築基準法43条1項ただし書き道路にのみ面している旨の説明をYから受けていました。

　ところが、引渡後のX1さんの調査では、既存建物の建ぺい率（約30%）、容積率（約60%）の範囲内でしか建築が許可されないことが判明し、X1さんが当初考えていた建物建替え計画の実施が不可能であることが明らかになり、X1さんは、本件不動産を第三者に売却せざるを得なくなりました。

　X1さんは転売に関して生じた損害として約4,300万円の支払いをYに求めました。

■Yの言い分■

　X1さんは，当初、本件建物をリフォームして、X1さんの息子夫婦がそのまま使用すると言っていました。建替えの話は聞いていません。

　本件土地が43条但し書き道路にのみ面していること、建物を新築するとき

は、建ぺい率・容積率が変更されることがあることは、きちんと説明しています。従って、損害賠償責任はありません。

▶トラブルの結末◀

話合いで解決しなかったため、X1さんの経営する法人X2は、訴訟を提起しました。裁判所は、次のように判示し、X2の請求を棄却しました。

1. Yは、本件重要事項説明書に都市計画法、建築基準法その他の法令に基づく制限についてその概要を記載し、同説明書をX2に交付してその内容を説明しているので、Yに宅地建物取引業法35条1項2号に違反するような説明義務違反があったということはできない。

　Xの主張する建ぺい率30％、容積率60％という基準は、平成元年4月21日現在の基準であって、本件売買契約が締結された平成17年2月26日当時は、建ぺい率40％、容積率80％という基準が存在していたことが認められる。そして、Yは、本件土地に具体的に建物を建築する場合について、建ぺい率・容積率がさらに条例その他の制限によって変更されることがあることを明示して説明しているのであって、Yは、Xから本件建物の建替えの話は聞いていないことを併せて考慮すれば、建築基準法43条1項ただし書きの適用についてその説明義務を尽くしていると言うべきである。

2. 建築基準法43条1項ただし書き（現行：同法43条2項第二号）に関し、一括許可基準に適合しないものについては、建築審査会が個別に審査して判断するとされているため、仮に一括許可基準に該当しないことをもって、直ちに建物の建築が極めて困難であるとまではいえず、本件重要事項説明書における建築基準法43条1項に関する事項の記載に不備があるとはいえない。

　したがって、Xの主張は採用することができない。

トラブルから学ぶこと

　購入しようとする土地の上に建物の再建築が出来るか否かは、その土地を購入するかどうかの意思決定に重大な影響を与える事実ですが、本件のように建築基準法43条１項ただし書き道路によって、建築物の再建築ができるかどうかの建築審査会の結論は、建築許可申請を出してみないとわからないため、媒介業者は丁寧な説明が必要です。

　後々のトラブルを防止するためには、本件土地の建築に関する建築基準法による制限について、同法43条に関する制限も含めて明確にかつ誤解を招かないように説明することが望ましいでしょう。本判決では、媒介業者の勝訴になりましたが、場合によっては、媒介業者の説明不十分とされるおそれもあります。

（参考裁判例：平成21年11月12日東京地裁判決）

03 | 幅員4m未満の位置指定道路の境界に争いがあり、契約解除したい。

<責任の主体：売主業者（売主）>
<請求の根拠：債務不履行に基づく契約解除・違約金請求>

　私は、位置指定道路の奥にある中古住宅を、売主Y（宅建業者）から購入しました。この位置指定道路については、入り口側のBさんが花壇を設置し道路境界を承諾しておらず、現況幅員が4m未満になっていることに不安になりました。YにBさんの花壇の撤去と境界確定をお願いしたのですが聞いてもらえません。契約解除したいのですが。

（X氏　48才　会社員）

●苦情の内容●

　Xさんは、自宅購入目的で、平成20年5月、宅建業者Aの媒介で、売主Y（宅建業者）から土地付既存住宅を7,100万円で購入しました。その際、違約金は売買金額の10%の710万円と決めました。

　ところで、売買契約前、現地での説明の際、Xさんは、Yから、「位置指定道路（私道）については、入り口側の土地所有者Bさんの花壇が15cm越境していますが、理由なく撤去を拒否しています。この越境があっても、Xさんが買おうとしている住宅の再建築には問題がありません。」との説明を受け、Xさんも了承しました。

　この位置指定道路は、昭和45年2月に指定・告示されたもので、認定幅員が4mなのですが、現況幅員は3.7mしかありませんでした。

　ところが、Bさんは「私の花壇と現在の位置指定道路との境が道路境界であり、従って私の花壇は道路に越境していません。」と主張していたのでした。

　そこで、Xさんは、この私道部分とBさんの敷地間の境界未確定状態が続けば、私道全体としては現況の幅員が認定幅員の4mに30cm不足し、位置指定道路の要件を欠く状態であることを不安に思い、Yに対し、物件引渡しまでにBさんの花壇の越境部分の撤去と、本件私道部分とBさん敷地間の境界確定を求めました。

しかし、Yは「Bさんの花壇の越境については、売買契約時において説明済みであり、Xさんも了承して契約した。」として、Xさんの要求に応えませんでした。

そこで、Xさんは、「境界争いを解消して土地境界を明示し、建築確認の要件である位置指定道路の幅員4mを確保する義務を、Yは物件引渡しまでに履行しなかった。」として、本件売買契約を解除し、売買契約に基づく違約金710万円、遅延損害金の賠償をYに請求しました。

■Yの言い分■

現地立会いにおいて、Bさんの越境の事実、越境部分の除去を求めることはしない旨説明し、Xさんもそのことを確認、許容して売買契約を締結したのですから、境界の特定がないことは問題にはならないと思います。

▶トラブルの結末◀

裁判所は次のように判示し、Xさんの請求を認めました。

1. 売買対象地の特定については、地番や実測等を踏まえ、現地確認により確定されるところ、境界に争いがあれば、売買対象地の範囲が確定していないことになる。

Yは、道路位置指定図と現場の位置を明確にすべき義務を負うべきであるが、その境界の確定作業をしていない。

2. 道路位置指定は行政機関による指定処分であり、現況の幅員は4mに満たないのであるからその変更の可能性もあり、Bの同意が必要になることもあり得ることから、当該境界が不明なことは本件売買契約の重要な事項にあたる。そしてYは専門的知識を有している不動産業者であるから、当該瑕疵を解決すべき義務があるというべきである。

3. Yは、Xに対して、Bの越境があっても境界は明らかであり、建築確認は可能であると説明し、Xは境界特定を放棄する不利益を甘受し、境界の不特定を許容したと主張するが、不動産売買の経験に乏しい一般市民であるXが直ちに甘受、認容したと認めることはできない。

4. 以上のことから、Yは争いある土地について境界を確定していない以上、本件債務の本旨に従った履行をしたとは言えず、債務不履行であると

いうべきである。

　したがって、Xの本件売買契約の解除、解除に基づく違約金710万円、及びこれらの遅延損害金の請求は理由があるので認容する。

トラブルから学ぶこと

　指定年度が古い位置指定道路については、現況幅員が認定幅員に足りないケースも見受けられます。位置指定道路の幅員は、建物の再建築の可能性に影響を及ぼすことも考えられますので、買主にとって重要な事項であるといえます。

　宅建業者は、少なくとも、認定幅員確保の可能性や再建築の可能性等について調査し、買主に十分理解できるよう説明し、了解を求める責任があるといえるでしょう。

（参考裁判例：平成20年12月26日東京地裁判決）

04 長屋として建築確認を受けた住宅を一戸建として販売され、転売できない。

<責任の主体：売主業者（売買）>
<請求の根拠：錯誤に基づく契約の無効、不法行為に基づく損害賠償請求>

　私は、戸建住宅の分譲現場を見て、全額銀行ローンで買いました。数年住み、手狭になったので買い換えようと思い、媒介業者に査定させたところ、違法建築で取り扱えないと言われました。売主は、重要事項説明で市街化調整区域であること、連棟式建物であることは説明したと言いますが、違法建築とは聞いていません。損害を賠償してほしい。

（Ｘ氏　30才　会社員）

●苦情の内容●

　Ｘさんは、近所で宅建業者Ｙが戸建住宅と長屋住宅を開発分譲しているのを見て、そのうちの戸建住宅（以下「本物件」）を購入しました。

　この住宅開発は、Ｙが６戸からなる長屋住宅１棟として建築確認を申請しながら、５戸からなる長屋住宅１棟と戸建住宅３戸を建築した違法建築でした。

　Ｙは、重要事項説明書に市街化調整区域であること、連棟式建物であることを記入して読み上げましたが、Ｘさんは何のことか理解できませんでした。銀行ローンの手続きはＹが行い、虚偽の申請をして全額ローンがおりましたが、虚偽の申請であることをＸさんは知りませんでした。

　Ｘさんは数年居住した後に、手狭になったので買い替えようと不動産媒介業者に本物件の査定を依頼したところ、これらの事実が判明し、媒介業者からは取り扱いを断られました。

　Ｘさんは、本物件が建築確認を受けていない違法建築であるという重大な瑕疵を知らされずに契約し、売買代金相当額等の損害を受けたとして、錯誤による契約の無効と、不法行為に基づく損害賠償請求をしました。

■Yの言い分■

重要事項説明書に記載のとおり、市街化調整区域にあることも、連棟式建物であることも説明し、了解して買ってもらったと思っています。Xさんから特に質問もなかったので詳細の説明はしていませんが、もし聞かれれば説明しています。質問もせずに、説明は聞いたけれど意味がわからなかったと今頃言われても困ります。

▶トラブルの結末◀

第一審がXさんの請求を一部容認めたところ、Yは控訴しました。高等裁判所は、次のように判示し、Xさんの請求を一部認めました。

1．本物件は、建築基準法上、独立した一戸建て建築物としての売却や再築が困難であると認められる。

2．Xは、本物件が違法であり売却や再築が困難であることを知らないで売買契約を締結したと認められるが、買主がそのことを知っていた場合には通常契約を締結することはないと解されるから、Xの意思表示には法律行為の要素に錯誤が存するというべきである。したがって本件売買契約は民法95条により無効である。

3．Yが重要事項説明書を読み上げたからといって、本物件が違法建築で売却や再築が困難であることを承知してXが本件売買契約を締結したものとは認められない。Yの代表者は重要事項説明書によって基礎的事実関係を知らしめているから詐欺の故意があったとはいえないが、本物件が独立した一戸建て建物としての売却や再築が困難であることを説明すべき義務があったというべきであり、説明を怠ったことに過失があり、不法行為に当たる。Yの代表者はYの職務行為としてこの不法行為を行ったので、YもXに対して不法行為責任を負う。

4．Yは、本件売買契約の無効により不当利得による返還義務を負うから、売買代金相当の金員を支払うべきである。また、売買契約時の諸費用150万円、銀行利息260万円、弁護士費用150万円は、本件不法行為と相当因果関係のある損害額と認められる。

トラブルから学ぶこと

　本判決では、宅建業者が重要事項説明書を単に読み上げただけでは、相手が不利益な事実を承知して購入したとは認められないとしています。特に、買主に不利な内容や、一般の人が理解困難な事項については、購入者がその意味や内容を理解して初めて宅建業者としての説明義務を果たしたことになるという点に注意が必要です。

（参考裁判例：平成17年1月20日大阪高裁判決）

05 | 仮換地を購入したが、賦課金がかかることは聞いていない。

<責任の主体：売主業者（売買）>
<請求の根拠：説明義務違反に基づく損害賠償請求>

　私は、宅建業者Yから土地区画整理事業の施行区域内にある仮換地指定がされた土地を購入しました。ところが、3年後に土地区画整理組合の総会決議に基づき賦課金の納付を余儀なくされました。売主は賦課金相当額を払うべきだと思います。

（X氏　57才　自営業）

●苦情の内容●

　Xさんは、平成14年6月、宅建業者である売主Yから土地区画整理組合による土地区画整理事業の施行区域内にあり、仮換地指定がされた土地を1770万円で購入しましたが、賦課金の説明は受けませんでした。

　本件土地区画整理事業は、平成12年8月の組合員総会において賦課金の規定が追加され、平成17年の総会において賦課金の徴収決議がされました。Xさんは、平成19年までに、組合に対し263万329円の賦課金を納付しました。

　そこで、Xさんは、Yに対して、賦課金相当額を支払うよう請求しましたが、Yは応じませんでした。

■Yの言い分■

　賦課金の説明は、宅建業法35条に定める説明すべき事項に含まれていません。所属団体制定の重要事項説明書書式にも賦課金についての言及がありません。また、売買契約から3年以上経過しています。したがって、賦課金相当額の支払いには応じられません。

▶トラブルの結末◀

　Xさんは、Yは宅建業者であるから、売買契約に際し、宅建業法35条1項2号に基づき、Xに対して賦課金についての説明をすべき義務があるのにこれを怠ったとして、債務不履行等に基づく損害賠償と遅延損害金の支払を求める訴訟を提起しました。

　裁判所は、次のように判示し、Xさんの請求を認めました。

1．Yは、宅建業者として売買契約を締結したものであるところ、平成12年8月には、組合の総会決議により定款を変更して賦課金の規定を置くことになったのであるから、宅建業者としての売主であるYは売買契約に際し、組合に対して仮換地の売買をするに当たっての一般的な問い合わせをすれば、賦課金についての注意喚起を受けることが出来たものと認められ、これらを総合すると、Yは売買契約に際し、賦課金についての説明義務が存したものと認められる。

2．Yは、宅建業法35条1項2号が賦課金についての説明義務を課していないこと、所属団体制定の「各種重要事項説明書書式」、「重要事項説明書補足資料」には賦課金についての言及がないこと、賦課金についての本件組合の決議は売買契約から3年以上経過していること等を主張するが、本件組合に対して一般的な問合せをすれば容易に注意喚起を受けることが出来た本件においては、Yの主張には理由がない。

3．Xは、売買契約に際し、Yの売買契約に付随する説明義務違反（債務不履行）により、賦課金負担についての検討の機会を奪われた状態で同契約の締結をせざるを得なかったところ、組合による賦課金徴収決議により、これを負担することを余儀なくされたものであるから、Xが賦課金として組合に納付した金額については、前記債務不履行と相当因果関係のある損害というべきである。

トラブルから学ぶこと

　土地区画整理法40条の賦課金と同法94条の清算金は法定重説事項ではありませんが、契約対象物件に関する経済的負担であり、説明すべき事項となります。また、故意に説明しなかったり、不実の説明をした場合には、宅建業法47条1号ニに該当し、監督処分を受けることにもなります。

　土地区画整理組合に問い合わせれば容易に知ることができる事項なので、説明を怠ってはなりません。

（参考裁判例：平成21年3月2日東京地裁判決）

06 土地収用の可能性の存在を説明されなかった。

06 | 土地収用の可能性の存在を説明されなかった。

<責任の主体：売主業者、媒介業者（売買）>
<請求の根拠：説明義務違反に基づく損害賠償請求>

　私の購入した新築の戸建住宅が、区の主要生活道路計画にかかっており、もし事業化されれば土地の一部が収用され、建物も取り壊す必要があります。売主（宅建業者）や媒介業者からは具体的な説明を受けていません。そのことを知っていれば契約はしませんでした。実現するかどうか未定であっても土地収用の可能性があることは、説明しないといけないのではないですか。

（X氏　45才　会社員）

●苦情の内容●

　Xさんは、媒介業者Y2の媒介で、宅建業者Y1から新築の一戸建住宅を7,760万円（土地5,680万円　建物2,080万円）で購入し、平成15年9月に引渡しを受けました。

　平成16年春ころ、Xさんは、区への問い合わせにより、本件土地（約26坪）の30％以上と建物の一部が区の主要生活道路計画にかかっていること、本件道路計画は区がその道路整備方針としているもので、現時点では法的拘束力はないが、事業化されれば本件道路計画部分が収用され、建物を取り壊さなければならないことなどを知りました。

　Xさんは、「本件道路計画の存在は瑕疵であり、当該説明がなかったのは説明義務違反である。」として、Y1とY2に対して、本件道路計画の存在を前提とした適正価格との差額等2,250万円余の損害賠償を求めて提訴しました。

　一審は、Y1とY2の説明義務違反を認め、Y1とY2に対して連帯して1,120万円余の損害賠償を命じました。

　Y1とY2はこれを不服として控訴しましたが、その後、Y2はXさんと一審の内容で和解しました。

19

■Ｙ１とＹ２の言い分■

　本件道路計画はまだ計画段階で、実現未定であり、説明義務のあるもので
はありません。また、現在Ｘさんには損害の発生はなく、仮に本件道路計画
が実施され収用されても、区から補償金が支払われるので、本件道路計画の
存在は瑕疵とはいえません。それに、Ｘさんには重要事項説明書で、「本件
土地の北東側主要道路10ｍ（幅員）があります。」と説明しています。

▶トラブルの結末◀

　裁判所は、次のように判示し、Ｙ１の控訴を棄却しました。

1. Ｙ１は、区のセットバック指導に従わず本件建物を建築し、買主に引渡
していた事実等から、本件道路計画が実現すると、本件土地の30％以上が
収用され、一体として購入した本件建物も存続の危険にさらされる具体的
な可能性があったと見るべきである。

　　そして、本件道路計画による収用及びその可能性は、本件契約の内容に
照らして、重大な利害関係を持つ事実であり、売主側から買主側に対して
重要な事実として説明されるべき瑕疵といえる。

2. 宅建業者において重要事項の説明義務を負うべき事項は、宅建業法35条
１項にいうところに限定されるものではなく、購入希望者に重大な不利益
をもたらす可能性があり、その契約締結の可否について、その判断に大き
な影響を及ぼす事項を認識していたならば、その事項についても説明義務
を負うものと解される。従って、Ｙ１、Ｙ２は、本件瑕疵の内容（本物件
周辺道路の公的な収用を伴う法的規制の具体的状況等）を買主であるＸに
直接説明する義務を負っていたといえる。

　　しかしながら、Ｙ１、Ｙ２は本件道路計画の具体的な内容をＸに説明を
したとは認められず、その瑕疵についての説明義務違反の責任を免れな
い。

3. 本件土地の周囲の環境、利便性、区の本件道路計画の内容と進捗状況、
実現による本件土地への影響等を総合考慮すると、本件道路計画による本
件土地一部収用の可能性による損失としては、本件契約当時の本件土地の
評価額5,100万円の20％が妥当と判断されることから、本件におけるＸの
損害額としては、評価損として1,020万円、弁護士費用としてその１割分

の100万円、計1,120万円を原審どおり認める。

トラブルから学ぶこと

　本件では、主要生活道路計画のように法的拘束力のない実現性が不明な計画であっても、買主の目的に重大な利害関係を持つ事実であれば、宅建業者である売主・媒介業者の説明すべき重要な事実、瑕疵にあたるとされました。

　重要な事実として説明されるべき行政指導等を告知しなかったとして売主と媒介業者の損害賠償責任が認められた他の裁判例もあり、取扱いには注意する必要があります。

（参考裁判例：平成21年5月14日東京高裁判決）

07 液状化危険度マップでは危険性が高いとされているのに、その説明がなかった。

<責任の主体：媒介業者（売買）>
<請求の根拠：説明義務違反に基づく媒介契約解除>

　私は、中古住宅を購入したのですが、液状化危険度マップでは、地震が発生した際に液状化の危険姓が極めて高いとされているのに、その説明を受けていません。媒介業者に対して、媒介契約の解除、媒介手数料の返還を求めたいのですが。

（X氏　58才　自営業）

●苦情の内容●

　Xさんは、平成23年11月、宅建業者Yと一般媒介契約を締結し、同日、売主と土地建物の売買契約を締結して、売主に手付金620万円を、Yには媒介手数料100万円余を支払いました。

　本件売買契約書には、①売主は、本件土地の隠れたる瑕疵について責任を負う、②本件土地の隠れたる瑕疵により、本件売買契約を締結した目的が達せられないとき、引渡完了日から3か月以内に限り、本件売買契約を解除することができるとする特約があり、物件状況報告書の「地盤の沈下、軟弱等状況」には、発見していないに○が付けられていました。

　Xさんは、契約締結後、県が作成した液状化危険度分布図（本件マップ）において、本件土地は、南関東地震発生の際、震度6強の揺れが予想され、液状化の危険性が極めて高いとされていることを知りました。

　Xさんは、Yに対し、仮に、Yが、本件マップに、地震等の際に本件土地は液状化の危険度が極めて高いと記載されていることを認識していなかったとしても、Yの近隣に存在する市役所に本件マップが備え置かれていたこと、本件マップはインターネットで公開され、公知のものとなっていたことなどから、Yには調査・説明義務違反があるなどとして、本件一般媒介契約の解除、支払済の仲介手数料の返還、弁護士費用相当額の支払（計328万円余。なお、売主には、手付金の返還と違約金、弁護士費用相当額等1,468万円余の請求）を求めて提訴しました。

■Yの言い分■

本件マップはあくまで参考図にすぎず、客観的正確性は担保されていません。また、行政庁等から、本件マップを事前に確認しなければならないなどという通達や指導を受けたこともありません。

▶トラブルの結末◀

裁判所は、次のように判示し、Xさんの請求を棄却しました。なお、売主に対する契約解除の請求も棄却されています。

1. 本件マップは、液状化想定を、250メートル四方を最小単位として線引きして示したものであり、本件土地から17m離れた地点は液状化想定なしの地域となっている。また、本件マップのご利用上の注意には、本件マップは、参考図にすぎず、その内容を証明するものではなく、権利・義務に関わる事項の資料とすることはできない旨記載されている。

   これらのことから、もともと本件マップの客観的正確性には限界があり、とりわけ本件土地に関する本件マップの客観的正確性には限界があるといわざるを得ない。

2. 本件マップは上記のような性質を有するものであるから、南関東地震が発生した際には、本件土地は液状化の危険性が極めて高いと記載されているとしても、購入希望者に重大な不利益をもたらし、契約締結の可否の判断に影響を及ぼす事項であるとは考えられない。

トラブルから学ぶこと

　本件では、本件マップの有無、内容等について調査説明義務があるとはいえないとされましたが、宅建業者としては、取引物件がハザードマップ等で危険性等が示されていることを認識したときには、たとえ客観的正確性に限界があるとしても、後々のトラブルを回避するため、説明しておくことが望まれます。

　公表されている防災・危険情報等のハザードマップ全てについて、宅建業者に積極的な調査・説明義務はないと考えられますが、取引に関与する宅建業者は、営業地域内で公表されている都道府県等の防災情報を定期的にチェックしておき、これらの情報がHP等で公表されていることを買主に説明しておくことが望ましいでしょう。

$$\left(\begin{array}{l}\text{参考裁判例：平成26年 4 月15日東京地裁判決}\\\text{平成26年10月29日東京高裁棄却}\\\text{平成27年 1 月20日最高裁不受理}\end{array}\right)$$

08 媒介業者が飲食店開業の可否を事前に調査せず、損害を受けた。

<責任の主体：媒介業者（賃貸）>
<請求の根拠：説明義務違反に基づく損害賠償請求>

　私は、飲食店の開業を目的として、店舗を借りようとしていたのですが、媒介業者が、飲食店の開業が可能か否か、貸主が飲食店の開業を承諾しているか否かを事前に確認していなかったため、契約ができなくなり、損害を被ってしまいました。

（Ｘ氏　40才　自営業）

●苦情の内容●

　Ｘさんは、平成22年４月、飲食店開業を目的として、媒介業者Ｙに貸店舗の紹介を依頼しました。

　Ｙの担当者Ａは、４月22日、本件貸店舗を紹介し、案内したところ、Ｘさんが気に入り、Ｘさんは、本件貸店舗の賃借を希望する旨を申し入れました。なお、本件貸店舗は、同年３月までの間、携帯電話の販売店として賃借されていました。

　Ｘさんは、５月７日、本件貸店舗での開業準備のため、勤務先を退職し、５月12日には保証会社の審査が通過した旨の報告を受けて、Ｂ社との間で店舗の内装や施工に関する契約を締結しました。

　契約予定日であった、５月21日、Ａが、本件貸店舗において飲食店を開業するに当たり、法令上の問題がないか否かを調査したところ、本件貸店舗の用途が駐輪場となっているため、用途変更の手続が必要であることが判明しました。

　そして、６月２日、貸主側から、用途変更の手続はできない旨を告げられ、賃貸借契約の締結を断られてしまいました。

　Ｘさんは、Ｙに対し、本件媒介契約の債務不履行に基づく損害賠償として130万6,000円（内装デザイン代39万8,000円、交通費8,000円、勤務先を早期退職したことによる損害金40万円、慰謝料50万円）の支払を求めて提訴しました。

■Ｙの言い分■

当社は、本件貸店舗を案内しただけです。契約に至らなかったのは、Ｘさんと貸主との条件が合わず、貸主が契約締結を断ったためであって、当社とは関係ありません。

▶トラブルの結末◀

裁判所は、次のように判示し、Ｘさんの請求を棄却しました。

1．Ｙは宅建業者であるから、本件貸店舗に係る賃貸借契約が成立するまでの間に、Ｘに対し、当該契約を締結するか否かの判断に重要な影響を及ぼす事項につき調査および確認すべき義務を負うところ（宅建業法35条1項、47条1項参照）、認定事実によれば、Ａが本件貸店舗において飲食店を開業するに当たり法令上の問題がないか否かを調査したのは、平成22年5月21日のことであり、それ以前にかかる調査が行われた事実を認めるに足りる証拠はない。

2．Ａにおいて、本件貸店舗の用途が駐輪場となっていることを知ったのはその日のことであること、本件貸店舗が同年3月までの間、携帯電話の販売店として賃借されており、本件貸店舗を店舗として使用するにつき法令上の問題が存在することを窺わせる事情も見当たらないことからすれば、Ｙが同年5月21日までにかかる調査をしなかったことがＹに求められる義務に違反するとまではいえない。したがって、請求原因（Ｙの債務不履行）の事実は認められない。

トラブルから学ぶこと

　裁判所は媒介業者の債務不履行責任を否定しましたが、本件では、仲介業者が法令上の調査を行ったのは契約予定日であり、必要な調査を行わなかったとして、媒介責任が認められ、逆の判決が出る可能性もあるでしょう。

　事業用賃貸借の場合は、賃料も高額であることが多く、また、入居するための準備に時間と費用もかかるので、媒介責任は重く、ミスは許されません。重要事項説明のための準備は早めに行うことが必要です。

（参考裁判例：平成24年10月17日東京地裁判決）

II

境界・越境に
関するもの

09 媒介業者から土地の境界について誤った説明を受けた。

<責任の主体：媒介業者（売買）>
<請求の根拠：説明義務違反に基づく損害賠償請求>

私は、賃貸中の土地建物を購入しましたが、媒介業者から土地の境界について誤った説明を受けました。売買代金の差額等の請求をしたいのですが。

（X氏　55才　自営業）

●苦情の内容●

　Xさんは、平成23年2月28日、Y社の媒介でAから代金1億4,000万円、公簿売買の条件で、Aが賃貸中の土地建物（以下「本件土地」、「本件建物」という。）を購入しました。

　本件土地の南側は、区が所有する土地であり、本件売買契約締結以前から本件土地の南側は塀（以下「本件塀」という。）で囲まれていたのですが、本件土地と区有地との境界ではなく区有地内に約13.81㎡はみだす形で設けられていました。そして、本件塀の北側の区有地の一部に2棟の物置が設置され、本件建物の賃借人が使用していました。

　昭和60年測量の公共用地境界図（以下「同境界図」という。）によれば、本件土地の使用者が区有地の一部も含めて130.81㎡を使用していたことが読み取れるが、Y社は本件売買契約の媒介に際して、同境界図を取得して調査することなく、本件塀の北側が本件土地であるかのような説明をしました。Xさんは、本件売買契約締結後、この事実を知りました。

　Xさんは、Y社に本件塀の北側区有地の面積に相当する売買代金の差額、媒介手数料の一部、物置移設等費用等の支払を求めて提訴しました。

■Yの言い分■

　Xさんは、貸しビルを所有して不動産業を営んでいるし、本件土地建物の現地も確認しているのですから、面積の相違に気が付くことは可能と思います。Xさんにも過失があるのではないのでしょうか。

▶トラブルの結末◀

裁判所は、次のように判示し、Xさんの請求を一部認めました。

1．Y社が同境界図を取得することは容易であり、同境界図を参照することにより、本件塀の北側の土地の一部が本件土地に含まれないことをXに説明することは可能であったというべきである。したがって、Y社がこれを調査せず、その結果、Xに対して本件土地と本件区有地との境界について正しい説明をしなかったことは、Xに対する説明義務違反の債務不履行があるというべきである。

　しかしながら、本件土地建物の代金は、売買当事者間で土地建物の一括の代金として合意されたものであり、また、本件売買契約における本件土地は公簿売買であることから、Y社の説明義務違反により、Xに売買代金の損害が生じたものとは認められない。売買代金の損害が認められない本件において、Y社に仲介手数料の不当利得が生じたものとは認められない。

2．本件塀と本件物置は、本件区有地の一部上に設置されているところ、区との関係では本件塀と本件物置を本件区有地から撤去するよう求められる可能性がある。また、本件物置は賃借人との本件賃貸借契約の対象となっていることから、Xは、本件物置を本件区有地から移動させた上で賃借人に使用させる必要がある。

　Y社は、本件塀の撤去と本件物置の移動の必要性は未だ現実化していない旨を主張するが、上記費用をY社の債務不履行により生じた損害として現時点で賠償の対象とすることが相当というべきである。

3．以上のとおりであるから、Xの請求中、物置移設等費用238万円余とこれに対する遅延損害金の請求については理由があるものとして認容し、その余の請求は理由がないものとしてこれを棄却することとする。

トラブルから学ぶこと

　本判決は、隣接地が区有地であるにも拘らず公共用地境界図を取得せず、必要な説明を行っていないことについて、説明義務違反を認めたものです。公簿売買であったこと等から売買代金に関する損害は認められませんでしたが、相当因果関係にある損害賠償は認容されており、実務において参考となるものです。

（参考裁判例：平成26年2月3日東京地裁判決）

10　土地を購入したが、公図上の土地所有者から明渡しを求められている。

<責任の主体：媒介業者（売買）>
<請求の根拠：説明義務違反に基づく損害賠償請求>

　　私は、土地を購入したのですが、公図上の土地所有者から明渡しを求められています。売主と媒介業者に契約解除と損害賠償請求を求めたいのですが。

（X氏　55才　会社員）

●苦情の内容●

　売主Y1は、昭和36年に購入し使用していた本件土地「地番㋑」について、平成12年5月に、業者Y2の媒介で買主であるXさんに2,200万円で売却しました。

　ところが、平成19年7月、本件土地の隣地「地番㋺」を平成19年1月に購入したAから、本件土地の大部分が公図上「地番㋺」に含まれているとして、本件土地の明渡し、同年2月から本物件明渡しまで月15万円の割合による賃料相当損害金の支払いを求める通知書がX宛てに送付されました。

　Xは、Y1に対し、本件売買は詐欺であること、本件土地の登記移転義務の債務不履行があること、本件土地は全部または一部の他人物であり担保責任があること等を理由に本件契約を取消し、解除を求め、また、Y2に対しては、本件売買において本件土地の権利関係に問題があることなどを説明する媒介業者としての義務を怠ったとして、売買代金相当額等合計2,298万円余の損害賠償、遅延損害金の支払を求めて提訴しました。

■Y1の言い分■

　当社は、昭和36年に本件土地を購入してから、近隣から抗議を受けたこともなく、公図混乱の問題を認識していませんでした。

33

■Ｙ２の言い分■

当社は、売買契約に際して、あらかじめ登記簿謄本、公図の写しおよび土地の実測図等を交付したほか、Ｘを現地に案内し、直前までＹ１の社員寮が建っていたことなどを説明しています。

▶トラブルの結末◀

裁判所は、以下のように判示し、ＸさんのＹ１に対する請求を棄却し、Ｙ２に対しては660万円（売買代金の３割相当）の支払いを命じました。

1. Ｙ１は、本件土地を「地番④」の土地として購入し本件売買に至るまで、約40年間、周辺土地所有者との所有権紛争もなく使用していたと認められる。公図上の「地番④」と「地番回」の土地の形状は、現在の土地使用状況と明らかに異なっており、公図上の土地の位置関係と形状がその権利関係を正確に反映しているとはいい難く、本件土地の地番が④ではなく、Ｙ１が本件土地の所有権を有していなかったとする証拠はない。

2. もっとも、本件売買当時、本件土地は、将来、所有権紛争が生じる可能性があったものであり、売買取引をするについて通常有すべき性能を備えていないものであったといえるから、本件土地には瑕疵があったものと認められる。しかし、Ｘは、本件土地において駐車場業を営み収益を得ていること、本件土地の所有権紛争は本件売買から７年が経過しＡがＸに前記通知書を送付したころから顕在化したものであることから、当該瑕疵は売買目的を達成できない程のものとまでは認め難い。

3. Ｙ２は、本件売買の媒介業務を受託した不動産業者であるから、本件土地の権利関係に疑義が生じるおそれのあることを認識した場合、これをＸに説明する注意義務を負っていたと認められる。Ｙ２は、Ｘに本件土地周辺の公図と現況求積図を手渡したものの、将来所有権をめぐる紛争が生じる可能性が存することを説明しなかったのであるから、媒介契約に基づく注意義務を怠ったものと認められる。

10 土地を購入したが、公図上の土地所有者から明渡しを求められている。

トラブルから学ぶこと

本判決からも分かるとおり、公図が混乱している地域の不動産媒介は、買主が、将来、権利関係の紛争に巻き込まれる可能性が高いことから、権利関係をしっかり調査、説明した上で取引を進めるなど、特に慎重な対応が必要です。

（参考裁判例：平成22年3月9日東京地裁判決）

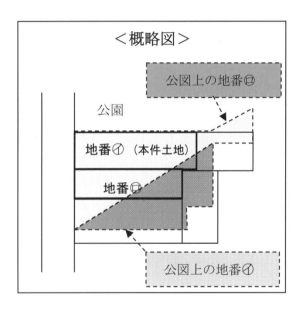

11 媒介業者から越境物について誤った説明を受けた。

<責任の主体：売主業者（売買）>
<請求の根拠：説明義務違反に基づく損害賠償請求>

　私は、土地付戸建住宅を購入しましたが、隣接地より越境しているコンクリート構築物について虚偽の説明を受け誤認していたため、契約の解除と損害賠償の請求をしたいのですが。

（X氏　50才　自営業）

●苦情の内容●

　平成22年10月、Y社は、分譲住宅を建築販売する目的で本件土地を購入し、その後本件建物を建築しました。

　本件土地と東側隣接地との境界線に沿って、コンクリート構築物が本件土地内に入り込む形で存在していますが、Y社は、本件土地購入に際して東側隣接地所有者よりコンクリート構築物の一定範囲を残すよう要請され、これを口頭で承諾しました（以下「本件協定」という。）。

　平成23年2月7日、Xさんは、媒介業者Bから本件土地建物の現地案内と説明を受け、同月8日にY社と代金1,500万円にて売買契約を締結しました。

　同月24日、Xさん、A（Y社の従業員）、Bは本件不動産の現地確認をし、同月25日、Y社はXさんから残代金の支払を受け、これと引換にXさんに本件不動産を引き渡しました。

　その後、Xさんは、本件コンクリート構築物については、本件協定があってこれを撤去できないにも拘わらず、売買契約締結時にAから「買った後自分で切れる」等との虚偽の説明を受けたことにより、想定していなかった土地の制約を受け、隣接地所有者との関係も悪化し精神的負担を被ったなどとして、Y社に対し、契約の取消し・解除と、現状回復費用として1,731万円余、慰謝料1,650万円、合計3,381万円余の支払を求めて提訴しました。

■Yの言い分■

Xさんに対し、本件コンクリート構築物が自分で切れると説明した事実は
ありません。また、本件協定の存在を説明しなかった理由は、本件協定を結
んだ担当者が契約担当者とは全く別の従業員だったからであり、Aがあえて
告げなかったものではありません。

▶トラブルの結末◀

裁判所は、次のように判示し、Xさんの請求を一部認めました。

1. 本件売買契約の締結時点では、Aにおいて、本件コンクリート部分を具
体的に認識していないものと合理的に推測される以上、その処分について
までAが言及することは想定し難く、そうであれば、本件コンクリート部
分についてXが主張するAの発言の存在は、証拠上認められない。

　よって、Xの主張する消費者契約法4条に基づく契約取消、錯誤無効ま
たは詐欺取消に基づく契約解除を根拠とする原状回復費用の請求は理由が
ない。

2. Xにおいて、本件コンクリート部分の外観を確認し、境界標を確認して
も、これについて購入時に特段問題とせず、そればかりか、現地案内の翌
日には早くも売買契約を締結して、2月中に決済を終了させた事実経過も
考慮すると、本件協定に関する情報がXに与えられていたとしても、Xが
本件土地の購入をしなかったとまでは認め難い。しかしながら、Xにおい
て、本件協定に関する情報がなかったことで、想定していなかった土地利
用の制約を受け、東隣地所有者との関係でも相当な精神的負担を負うこと
に至ったことは容易に認められる。

　そこで、購入価格、交渉経緯等、本件の諸般の事情を総合的に考慮する
と、Xの被る精神的苦痛を慰謝するに相当な金額としては、55万円を限度
で認めるのが相当である。

トラブルから学ぶこと

　本件は、隣接地所有者との本件協定について、協定締結の担当者から販売の担当者への申送りが適切に行われなかったことが紛争の要因となった事案です。本判決では、本件協定の説明義務までは認められませんでしたが、宅建業者内の情報の申送りの必要性に関しては、様々な裁判例があるので、物件に関する情報の管理、共有については適切な体制を構築しておくことが必要でしょう。

（参考裁判例：平成25年11月28日東京地裁判決）

建物・設備等に関するもの

12 媒介業者は、建物の不具合を知っていたのに告知しなかった。

<責任の主体：媒介業者（売買）>
<請求の根拠：説明義務違反に基づく損害賠償請求>

> 　私は、中古住宅を購入したのですが、媒介をした宅建業者は、その建物には居住できないような不具合があることを知っていたのに説明をしませんでした。この取引を主導したのは売主側の媒介業者です。この業者の責任を追求できますか。
>
> 　　　　　　　　　　　　　　　　　　　　（X氏　39才　会社員）

●苦情の内容●

　一級建築士であるＡは、平成17年12月頃、宅建業者Ｙに、自分が所有し、妹が居住している住宅とその敷地の売却を依頼しました。一方、居住用建物の購入を検討していたＸさんは、平成18年３月頃、宅建業者Ｂのホームページで物件を探すなどしていましたが、同年５月、宅建業者Ｂの担当者から紹介を受けて、Ａ、宅建業者Ｙ、宅建業者Ｂの担当者の立会いの下で本件不動産を見学しました。

　本件建物の１階和室の柱は相当程度腐食しており、また、２階和室の柱にガムテープが貼られている状態でした。宅建業者Ｙの代表者は、１階リビングの隅に虫の死骸を発見し、白アリかと思ったが、黙っていました。また、１階和室以外に玄関、浴槽、収納部分の隅にも腐食があり、雨漏りの箇所も複数あると認識していたものの、住めないことはないと考えていました。

　翌６月、Ｘさんは、Ａとの間で売買契約を締結しました。契約締結に先立って、宅建業者Ｙの代表者は、Ｘさんに対して、「現在雨漏りがあります。」、「未処理のまま引渡し」、「現在まで白アリの被害を発見していません。」、「建物構造上主要な部位の木部の腐食：発見しています。（箇所：１階和室）」などと記載した書面により、重要事項説明を行いました。

　Ｘさんは、引渡し後、白アリ被害が広範にわたって存在し、耐震性の観点から非常に危険な状態であることが判明したため、Ａと宅建業者Ｙに対して不法行為に基づく損害賠償を求めて提訴しました。なお、Ａとの間では、口

頭弁論終結後に和解が成立しました。

■Yの言い分■

本件は、現状有姿取引で、瑕疵担保責任は負担しない、との前提で媒介をしたことから、現地調査はしていません。そもそも、売主側の媒介業者は、買主に対して、リスクを調査して説明しなければならない義務を負うものではないし、当方の負う調査義務は、あくまでも宅建業法35条所定の事項についてであって、建物の隠れた瑕疵など他の専門家による専門的調査が必要な事項まで含まれる訳ではありません。

▶トラブルの結末◀

裁判所は、次のように判示し、Xさんが負担した費用（売買代金等）である1,842万円余から1,050万円（土地の価格1,250万円から建物取壊し費用200万円を控除した金額）を差し引き、B（買主側の媒介業者）の過失をXの過失として2割を減額し、弁護士費用65万円を加えた、697万円余の支払いをY（売主側の媒介業者）に命じました。

1. Xは、本件建物に居住する目的で本件契約を締結することとし、Yの代表者もそれを認識していたのであるから、本件建物の物理的理疵によってその目的が実現できない可能性を示唆する情報を認識している場合には、Xに対し、積極的にその旨を告知すべき業務上の一般的注意義務を負う。なお、そのような認識に欠ける場合には、宅建業者が建物の物理的理疵の存否を調査する専門家ではない以上、そのような点について調査義務まで負うわけではない。本件不動産の価格設定の際、本件建物の価値は全く考慮されておらず、現状有姿で売主が瑕疵担保責任を負わない取引であったとしても、Yの代表者がXの上記目的を認識していた以上、上記結論は変わらない。

2. Yの代表者は、白アリ被害や柱の腐食等の存在により、本件建物が居住に適した性状、機能を十分に備えていないのではないかと疑いを抱く契機が十分に存在していたと認められる。また、A自身は平成7年1月以降、本件建物に全く行っていなかったというのであり、Yの代表者もそのことを知っていたと推認されるから、Aによる本件建物の状況説明が現状を正

確に反映していないことを疑う余地も存在した。

3．以上の諸事情を考慮すると、Yの代表者は、Xに対し、白アリらしき虫の死骸を発見したこと、1階和室以外にも腐食部分があることなどを説明し、Xに更なる調査を尽くすよう促す業務上の一般的注意義務を負っていたというべきであるが、実際には、そのような注意義務を尽くさなかった。

トラブルから学ぶこと

　本判決では、「宅建業者は、直接の委託関係がなくても、宅建業者の介入に信頼して取引するに至った第三者に対して、信義誠実を旨とし、権利者の信義等につき格別に注意する等の業務上の一般的注意義務を負い（最判昭和36年5月26日）、その注意義務の対象は宅建業法35条所定の事項に限られるものではないと解される。」として、売主側の宅建業者の買主に対する責任を示した上で、買主側の宅建業者についても、買主から委託された専門家として必要な注意を著しく欠如していたとしています。媒介業者としては、売主側、買主側の双方の立場での調査・説明義務について、実務において参考となる事例です。

（参考裁判例：平成20年5月20日大阪地裁判決）

13 収益マンションを買ったが、雨漏りと敷金引受けの説明がなかった。

<責任の主体：媒介業者（売買）>
<請求の根拠：説明義務違反に基づく損害賠償請求>

> 私の妻の会社Xは、Yの媒介で、中古の収益マンションを購入しましたが、引渡後、雨漏り、敷金返還債務の引継ぎ、受水槽の水漏れがあることが分かりました。売主には資力がないので、説明義務を怠ったYに、損害を賠償してほしいと思います。
>
> （A氏　57才　株式会社Xの代表の夫）

●苦情の内容●

　Aさんの奥さんが代表を務める株式会社Xは、宅建業者Yの媒介で、収益マンション（1棟）を3,300万円で購入しました。

　引渡後、雨漏りがあること、買主が敷金返還債務を引き継がざるを得ないこと、受水槽の交換を要することが分かりました。

　Aさんは、Yに対し、重要事項説明が不十分であるため損害を被ったとして、費用を請求しましたが、Yは応じませんでした。

　Xは、漏水工事費用1,024万5,053円、敷金返還債務321万円、受水槽入替工事費用258万円、合計1,603万5,053円の損害を被ったとして、Yを訴えました。

■Yの言い分■

　私は、Aさんに、本件建物に雨漏りがするので修理が必要である旨説明しています。また、売主に資力がないので、買主に敷金の返還を引き継いでもらうか、売主側と交渉で決めなければならない旨を説明しています。受水槽は、Aさんが現況を確認しています。

▶トラブルの結末◀

裁判所は、次のように判示して、Xの請求を一部認めました。

1. Yは、宅建業者として、売買契約における重要な事項について説明すべき義務を負っており、宅建業法35条1項の説明以外でも、購入希望者に重大な不利益をもたらすおそれがあり、その契約締結の可否の判断に影響を及ぼすことが予想される事項を認識している場合には、当該事項について説明義務を負う（宅建業法47条1項1号）。

   そもそも敷金は，宅建業法35条1項7号にいう「代金、交換差金及び借賃以外に授受される金銭」に当たるから、Yは、説明義務を負う。

   また、投資目的の不動産の売買の媒介を行う宅建業者は、運用収支に影響を及ぼす物理的瑕疵について客観的な事実を認識した場合には、積極的、具体的に説明する義務を負う。Yは、雨漏りがあることを知りつつ、具体的にXに説明していないので、説明義務違反がある。

   ただし、受水槽については、Yがその物理的損壊を認識していた証拠はないから、Yに説明義務違反を認めることは出来ない。

2. 本件建物は築後約27年を経過し、雨漏りの有無にかかわらず，近い将来、防水工事を含め、相当程度の補修工事が必要となっても不思議ではない。Yの説明義務違反と相当因果関係のある損害であると認められるのは、現在までに雨漏りの補修工事費として支出した85万円の限度に留まる。

   また、Xとしては，敷金返還債務の引受けがあることを知っていれば、本件建物を購入しないか、敷金相当の代金減額を求めることが出来たものの、買主の担当者は、大学の技術経営研究科の教授である上、Xは他にも投資目的で不動産を所有して賃貸業を行い、建物賃貸借において通常敷金預入があることは理解し、本件建物に賃借人がいることを認識していた。敷金の存在を予想し、売主に確認したり、自ら調査することも可能であった。こうしたXの過失を考慮すると、Yが賠償すべき金額は、敷金額のおよそ50%相当の160万円の限度に過ぎない。

   そうすると、説明義務違反によりYが賠償すべきXの損害額は、245万円となる。

トラブルから学ぶこと

　Ｙは、報酬限度額110万円程度の物件を媒介し、損害賠償額は245万円と判定され、免許行政庁からは、業務停止処分も受けました。

　Ｙは、不動産賃貸業も営んでいる買主に気を抜いたのかもしれませんが、どんな相手でも、初心に返って、重要事項説明を行うべきです。売主が破綻等で敷金の額を把握していない場合、媒介業者は、売主の同意を得て、直接テナントに確認すべきでしょう。

　なお、敷金返還債務を物件価格に含めるか否かは地域によって相違があるので注意が必要です。

（参考裁判例：平成21年12月25日東京地裁判決）

14 設備に関する定期点検記録の説明がないとして、買主が媒介報酬を払ってくれない。

<責任の主体：媒介業者（売買）>
<請求の根拠：説明義務違反に基づく媒介報酬の支払いの一部拒否>

電気設備・消防設備に関する定期点検報告書の説明がないことを理由に私が行った媒介行為について、買主が、媒介報酬の支払を拒んでいます。

（Ｘ氏　55才　不動産会社社長）

●苦情の内容●

買主Ｙ（法人）は、買主側の媒介業者Ｘさん、Ａ（Ｙと代表者が同一）、売主側の媒介業者Ｂとの共同仲介により、売主との間で、本件商業ビルを代金６億7000万円で購入する旨の売買契約（以下「本件売買契約」という。）を締結し、引渡しを受けました。

本件売買契約の特約条項には、「売主は、付帯設備表の作成・交付を行わず、引渡し時の状態のまま引渡すものとし、各設備につき一切の修復義務を負わない」と明記されていました。

Ｙは、本件売買契約に先立ち、「支払約定書」にて、Ｘに対し媒介報酬として残金決済時に693万円余（売買代金の１％と消費税、以下「本件媒介報酬」という。）の支払を約していましたが、Ｙはその一部しか支払わなかったので、Ｘは、残余の媒介報酬の支払を求め提訴しました。

■Ｙの言い分■

本件建物の電気設備、消防設備には補修を要する瑕疵があります。Ｘは、点検報告書等を確認することにより容易に瑕疵の存在を調査して、説明できたのに、これを怠った債務不履行があるから、当社には本件媒介報酬の支払義務はありません。

▶トラブルの結末◀

　裁判所は、次のように判示し、Ｘさんの請求を認容しました。

１．本件建物はテナントが多数入居する商業ビルであるから、電気設備については、設置されているか否かは当然として、この電気設備が通常の使用に耐えうるものであるか否か、直ちに修繕を要する事項があるか否かについても、基本的には調査・説明義務の対象とすべきと考えられる。また、消防設備についても、本件建物が特定防災対象建築物に該当することからすれば、消防設備が設置してあることはもちろん、これが維持されていることについては基本的には調査・説明義務の対象となると考えられる。

　　ただし、本件売買契約においては、特約条項において、付帯設備について設備表の作成・交付を行わず、引渡し時の状態のまま引き渡すものとされ、各設備について売主が一切の修復義務を負わないとされている点に鑑みれば、当事者はかかるリスクを考慮の上価格を決定したものと考えられるから、価格決定に影響を及ぼすような修繕事項がある等の場合は別として、通常のメンテナンスの範囲内の修繕・交換等を要する事項についてまで、調査・説明義務を負うものではないと考えられる。

　　Ｘは、本件売買契約の締結時において、重要説明事項として、電気設備については、設備が存することを説明し、消防設備については本件建物が特定防災対象建築物に該当すること等を説明しており、最低限必要な説明については果たしていると認められる。

２．これに対し、Ｙは本件売買契約締結前の時点で、再三各設備の点検報告書を取得して引き渡すようＸに請求してきたと主張するが、これを裏付け、あるいはこれと合致する証拠は存しない。

３．以上の点から、Ｘには何らの債務不履行も認められず、その他本件媒介報酬の請求を妨げる事情も認められない。

トラブルから学ぶこと

　本件は、定期点検報告書における不備事項について説明をしなかった媒介業者に調査・説明義務違反はないとされた事例ですが、特に買主から事前の調査依頼はなかったこと、売買契約の特約条項等を考慮して、その責任が否定されたものです。

　商業・事務所ビル等の売買において、取引後、本件と同様のトラブルが発生する可能性は考えられますから、トラブル防止の観点から、売主から建物に関する定期点検報告書等の写し等を受領して、買主に交付・確認してもらうことが望ましいでしょう。

（参考裁判例：平成27年 6 月23日東京地裁判決）

15 購入したマンションの室内で水銀汚染があった。

15 | 購入したマンションの室内で水銀汚染が あった。

<責任の主体：売主（売買）>
<請求の根拠：説明義務違反に基づく損害賠償請求>

　私の購入したマンションの室内で水銀汚染がありました。売主に売買契約の解除と水銀を残置したことの説明義務違反による損害賠償を請求したいと考えています。

（X氏　49才　宅建業）

●苦情の内容●

　宅建業者であるXさんは、平成24年6月、売主Yとの間で、区分所有建物をリフォーム後転売することを目的として、売買代金1,350万円で「本件建物内のYの残置物は、Xさんの負担で処理する。Yは本件建物の隠れたる瑕疵の一切の責任を負わない」旨の特約を付した売買契約を締結しました。

　平成24年7月、Xさんは引渡しを受けて内装工事に着手しましたが、内装業者が、室内で、内容物が不明な容量500ml位の蓋が付いたガラス瓶28本を発見し、搬出しようとしたところ誤って2本を落として割り、水銀が本件建物内に散乱してしまいました。

　内装業者は、ほうきや一般の電気掃除機で水銀を集める作業を行いましたが、同社の依頼により、平成24年8月に専門業者であるA社が実施した空気中の水銀濃度測定で、1.83～3.08mg/㎥（労働安全衛生法に基づく作業環境基準における水銀の管理濃度：0.025mg/㎥）と居住に適さない濃度の水銀汚染が測定されました。

　Yは、平成25年8月までに、A社に本件水銀汚染の除去をYの費用負担で依頼し、同業者の除去作業により、空気中水銀濃度は、0.0014～0.0022mg/㎥と居住に支障のない程度になりました。

　Xさんは、Yに対し、錯誤無効、瑕疵担保責任等による売買契約の解除と、説明義務違反を理由とした売買代金、費用相当額の合計1,717万円余の損害賠償求めて提訴しました。

49

■Yの言い分■

本件建物は、売買契約当時は水銀汚染されていませんでした。また、水銀やガラス瓶はこちらの費用で廃棄処分済みです。

▶トラブルの結末◀

裁判所は、次のように判示し、Xさんの請求を棄却しました。

1. Yは平成3年5月頃、Y経営の工場閉鎖の際本件建物に合計約190kgに及ぶ水銀の入ったガラス瓶を持ち込み保管していたことが認められるが、本件建物で高い水銀濃度が測定されたのは、Xの内装業者の漏出事故により水銀が散乱し、その回収に水銀専用掃除機でなく一般の掃除機等を使用したことにより水銀が蒸発拡散した可能性が高いと判断される。よって、売買契約当時、本件建物に水銀汚染があったとは認められないことから、Xの主張する契約解除はいずれも理由がない。

2. 毒物である水銀が残置されていることは、Xが本件売買契約を締結し本件建物を使用するに当たり重要な考慮要素となるものであるから、Yには説明すべき信義則上の義務があるというべきである。

   Yは、本件売買契約に残置物特約があると主張するが、本件特約が意味する「残置物」とは、家財道具又はこれに類する物を意味すると解するのが当事者の合理的な意思解釈というべきであって、毒物である水銀が「残置物」に含まれると解することはできない。

3. Yが本件水銀の残置をXに告げていた場合に、Xが本件売買契約を締結しなかったとか、本件売買代金よりも低額にて本件売買契約を締結したであろうとする事実を認定する証拠はない。また、Yはガラス瓶に入った水銀の廃棄処分費用や本件建物の除染費用を負担しているのであるから、X主張の損害はそもそも発生していないか、Yによって既に賠償されているというべきである。

トラブルから学ぶこと

　本事例では、裁判所は、売主には水銀の残置について説明すべき信義則上の義務があるとしましたが、その廃棄処分等が売主の負担で行われていたことなどにより、買主の損害は発生していないなどとされました。

　居住用建物に有害物質が保管されていることは、通常予想されないことであり、本件は稀なケースと考えられますが、宅建業者としては、念のため売主に確認し、万一、建物内に汚染を懸念させるような事象が認められる場合には、汚染調査の検討を売主・買主に打診する必要があることなどを示唆する事例といえます。

（参考裁判例：平成26年7月25日東京地裁判決）

IV

心理的瑕疵に
関するもの

16 購入した土地で3年前に火災死亡事故があった。

<責任の主体：売主（売買）>
<請求の根拠：説明義務違反に基づく損害賠償請求>

> 当社が購入した土地で3年前に焼死者を出した火災事故があったことが判明しました。その事実は土地の瑕疵に当たるので、説明をしなかった売主に損害賠償の請求をしたいのですが。
>
> （X社　宅建業者）

●苦情の内容●

　不動産の売買を業とするX社は、売主Yから、平成20年7月、本件土地を代金1億1,858万円で買受け（本件売買契約）、同年11月17日、本件土地の引渡を受けました。

　平成20年12月、X社は、本件土地にa号棟からe号棟の5棟の建物を新築して、分譲を開始しましたが、平成16年12月、本件土地において、当時存在した建物（b号棟の区画上に位置していた）での火災による死亡事故が発生したとの情報が近隣住民からもたらされました。

　その後、b号棟以外については、売出価格での代金で売却が実現しましたが、b号棟だけは、価格を下げたものの、いまだに未成約の状態です。

　X社は、Yから買い受けた土地に心理的瑕疵があり、Yにはこの事実を説明すべき義務があったとして、Yに対し、1,876万円の支払を求めて訴訟を提起しました。

■Yの言い分■

　X社が瑕疵と主張するのは、既に平成17年2月頃には取り壊された建物内で生じた小規模な火災が原因であり、当該建物内での火災による死者の発生も具体的な建物の中と特定することはできません。したがって、Yには、原告に上記事実を説明すべき義務はありません。

▶トラブルの結末◀

　裁判所は、次のように判示し、X社の請求を一部認めました。

1．本件売買契約の目的物は、土地であって、既に以前に取り壊された出火建物を含むものではなく、Xが行う分譲も分筆した本件土地及びその上の新築建物を目的とするものであるにしても、本件土地上にあった出火建物で焼死者が出たし、近隣住民には、このような事実の記憶がなお残っているのだから、これを買受ける者が皆無であるとはいえないにしても、買受けに抵抗感を抱く者が相当数あるであろうことは容易に推測しうるところである。

2．そして、売買の目的物に瑕疵があるというのは、その物が通常保有する性質を欠いていることをいうのであり、目的物に物理的欠陥がある場合だけではなく、目的物にまつわる嫌悪すべき歴史的背景に起因する心理的欠陥がある場合も含まれると解されるが、上記事実関係のもとでは、本件土地あるいはこの上に新たに建築される建物が居住の用に適さないと考えることや、それを原因として購入を避けようとする者の行動を不合理なものと断じることはできず、本件土地上にあった建物内において焼死者が発生したことも、本件売買契約の目的物である土地にまつわる心理的欠陥である。

3．そうすると、本件売買契約の目的物である本件土地には、民法570条にいう「隠れた瑕疵」があると認められ、これを認識していたYには、信義則上、これを告知すべき義務があったことになるから、Xは、売主であり、上記事実を認識していたYに対し、損害賠償を請求することができる。

4．Xが上記瑕疵により被った損害額について、本件売買契約代金額のうちb号棟が占める分（売買代金額1億1,858万円及び本件土地に上記部分が占める面積割合約2割からすると、約2,370万円と求められる。）との関係から検討すると、本件売買契約の3年半ほど前のことであって、他殺や自殺ではなく、出火建物も既に以前に取り壊し済であることその他本件に顕れた一切の諸事情を総合すると、上記損害額は、上記b号棟が占める代金分の1割足らずである200万円と認めるのが相当である。

トラブルから学ぶこと

　「心理的瑕疵」の有無は、原因や経過した年月、周囲にどの程度知れわたっているかによっても判断が異なります。

　本事案は、３年ほど前に土地上にあった建物内において焼死者が発生したことも、本件売買契約の目的物である土地にまつわる心理的欠陥であるとして、損害を認めたもので、同種の一事例として実務において参考となるものです。

（参考裁判例：平成22年３月８日東京地裁判決）

17 マンション1棟を購入したが、このマンションで元の所有者の家族が飛び降り自殺をしていたことがわかった。

17 | マンション1棟を購入したが、このマンションで元の所有者の家族が飛び降り自殺をしていたことがわかった。

<責任の主体：媒介業者（売買）>
<請求の根拠：説明義務違反に基づく損害賠償請求>

　私は、マンション（1棟）を購入したのですが、このマンションで元の所有者の家族が飛び降り自殺をしていたことがわかりました。売主である宅建業者からは何も説明がありませんでした。この宅建業者に対して損害賠償請求をしたいのですが。

（X氏　62才　自営業）

●苦情の内容●

　宅建業者Yは、平成16年7月、本物件を収益物件として転売する目的で購入しましたが、購入時の重要事項説明書には、売主（A夫婦）の長女が平成15年6月に転落して死亡した旨の記載のほか、「警察署において本件の調査を行いましたが、プライバシーの保護の観点から、事故の原因・種類等は解明できませんでした」と記載されていました。Yは、1階、5階、6階について賃借人の募集をして満室状態とした上で、本件不動産を売りに出しました。

　Xさんは、平成17年7月、宅建業者Yから、本件不動産を1億7,500万円で買い受けましたが、重要事項説明書には本件事故に関する記載はなく、宅建業者Yは、Xさんに対して、本件死亡事故について、何らの告知、説明をしませんでした。

　Xさんは、その後飛び降り自殺があったらしいとの話を聞き、A夫婦を訪問して、宅建業者Yに本件不動産を売却した際の重要事項説明書の写しを入手して、飛び降り自殺があったことを確定的に知りました。また、A夫婦が2億円程度での売却を希望していたところ、1億3,000万円でしか売れなかったとの話を聞き、A夫婦と宅建業者Yとの間の売買契約書の写しの交付も受けました。

　その後、A夫婦が転居して8・9階は空室となり、Xさんは、A夫婦に月額25万円で賃貸していた8・9階を賃貸市場に出すことをやめ、親戚に賃料

月額10万円で賃貸しました。Xさんは、宅建業者Yに説明義務違反があったとして、損害賠償を求め、提訴しました。

■Yの言い分■

死亡事故があったことは知っていましたが、それが飛び降り自殺によるものであることは知りませんでした。それに、飛び降り自殺は建物の外で起きたもので、事故後も家族がそのまま居住し、賃料額の減額もなく、収益は全く減少していないのですから、収益物件としての価値が減ずる要因にはならないはずです。

▶トラブルの結末◀

裁判所は、次のように判示し、Xさんの請求を一部認めました。

1. A夫婦は本件不動産を2億円程度で売却したかったが、価格交渉の中で本件事故が減額要因とされたことが十分うかがわれる。従って、Yの担当者が本件事故が飛び降り自殺によるものであることを知っていたことは、これを優に認めることができる。

2. 一般に不動産の売買に際して、建物内又はその周辺で自殺があったとの歴史的背景は、買主に嫌悪感を生じさせ、居住の用に適さないと感じさせ、あるいは購入することを断念し、又は代金額を減額させる可能性のあるものであり、物件価格又は転売価格等にも影響を及ぼす可能性があることから、売主は、売買契約に付随する信義則上の義務として、相手方が購入する際に、相手方に告知、説明したうえで相手方の意思にゆだねるべき情報として、上記事由を告知、説明する義務があるというべきである。

3. 本物件は、利便性は良好であり収益物件として市場競争力が高いこと、本件死亡事故は飛び降り自殺であって、本件建物外で発生したものであること等、本件に顕れた諸事情を総合考慮すると、民事訴訟法248条の趣旨に鑑み、本件告知、説明義務違反と相当因果関係の認められるXの損害額は875万円と認められるのが相当である。

17 マンション１棟を購入したが、このマンションで元の所有者の家族が飛び降り自殺をしていたことがわかった。

トラブルから学ぶこと

　本判決では、売主の宅建業者が自殺とは知らなかったと主張したのに対し、契約当時の担当者の言動を詳細に事実認定した上で、知っていたはずだと認定しています。

　また、買主の慰謝料請求といった漠然とした主張に対して、その損害の範囲は、通常の市場価格を減額させることに合理性があると判断されるもので、個人的、主観的嫌悪感にとどまるものについては、保護されるべき対象から除かれるとして、損害額を認定しています。

　このような判決上の判断は、実務において説明義務を考えるに当たって参考となるものです。

（参考裁判例：平成20年11月18日東京高裁判決）

V

生活環境に
関するもの

18 隣接地域に産業廃棄物処分場の建築計画があることを聞いていない。

<責任の主体：売主業者（売買）>
<請求の根拠：説明義務違反に基づく売買契約の取消し等>

　私は、別荘地を購入したのですが、隣接地域に産業廃棄物の最終処分場等の建築計画があることがわかりました。売主である宅建業者からは何の説明も受けていません。売買契約を解除して代金を返してほしいのですが。

（X氏　65才　自営業）

●苦情の内容●

　Xさんは、450万円で売主業者Yから、別荘地を購入しました。なお、勧誘行為はYの担当者Aが行いました。

　Aは、勧誘の際、Xさんに対して、「この別荘地は、緑が豊かで、空気のきれいな、大変静かな環境が抜群の別荘地である」などと説明しました。ところが、売買契約締結当時、本件各土地の隣接地域（1.7km〜10.3km）には産業廃棄物最終処分場1件と産業廃棄物中間処理施設2件の建築計画（以下「本件各計画」という。）があり、Aは、その事実をXさんに告げませんでした。

　そこで、Xさんは、「本件各計画が実現すれば、ダイオキシン、臭気、煙害、騒音、地下水汚染等の問題が発生する。本件各計画を知っていたら売買契約を締結しなかった」として、契約の解除をYに申し出ました。

　しかし、Yが契約解除に応じなかったため、Xさんは、「Yが、本件各計画の存在を説明しなかったのは、消費者契約法3条のリスク等の重要事項説明義務に違反しており、不法行為責任を問われるべきである」などとして、土地代金等の返還等を求めて提訴しました。

■Yの言い分■

　本件各計画は、各計画書が県に提出されただけで許可がなされていない上、ダイオキシン等による汚染の問題が発生すると決め付けることはできま

せん。また、上記施設は、本件各土地から遠く離れており、本件各土地の住環境に何らの悪影響を及ぼすものではありません。

▶トラブルの結末◀

裁判所は、次のように判示して、Xさんの請求を認めました。

1. 本件各土地周辺の自然環境は、消費者契約法4条2項にいう重要事項に当たるというべきである。

2. Yが、Xに対して本件各計画の存在を告げなかったことは、消費者契約法所定の不利益事実の不告知に該当するものと認めるのが相当である。

3. 本件各計画に対しては、県も地元住民と環境保全に関する協定が締結されない限り許可しない方針である旨説明している等の事実が認められ、本件各計画の実現性が客観的に具体化・現実化していたわけនではなかったとしても、Xに対する説明義務を負うべき不利益事実に当たるものと解するのが相当である。

4. Yは、近隣の物件を取り扱うことが多く、本件各計画の存在を知っていたものと認められるから、YはXに故意に本件各計画の存在を告げなかったものと推認するのが相当である。

5. Xは、消費者契約法4条2項に基づき、本件売買契約を取り消すことができるというべきであり、Yは、売買代金を返還する義務を負う。また、消費者契約法3条の趣旨に照らすと、Yの行為（不作為）は、不法行為を構成するから、Yは上記不法行為と相当因果関係を有する弁護士費用を賠償すべき義務を負う。

トラブルから学ぶこと

　リゾート物件においては、環境をセールスする一方、実現が不確かな近隣の建築計画については説明を省略するケースが見受けられます。しかし、本件のとおり、買主に対しては、計画段階でも知りえた不利益事実は説明しなければならないことになります。

　消費者契約法をめぐる争いは、今後も増えてくることが予想されますが、消費者契約法4条2項に基づく取消しと同法3条による不法行為を認めた本判決は、実務において参考になるものです。

（参考裁判例：平成20年10月15日東京地裁判決）

19 17年前に買った土地に、土壌汚染があることがわかった。

19 | 17年前に買った土地に、土壌汚染があることがわかった。

<責任の主体：売主業者（売買）>
<請求の根拠：説明義務違反に基づく損害賠償請求>

　私は、17年前に分譲地を購入し、建物も建てて住んでいるのですが、数年前に、この土地に土壌汚染があると知らされました。売主に説明義務違反で損害賠償したいのですが可能でしょうか。

（Ｘ氏　56才　会社員）

●苦情の内容●

　Ｘさんは、平成２年８月、宅建業者Ｙから、代金910万円余で土地を買い受け、同日、Ｙとの間で工事代金を1,589万円余とする建物建築の請負契約を締結して、平成３年５月、建物への入居を開始しました。

　そもそもＹは、昭和50年ころから、石けんやペンキの元となる油を生成していたＡ工業の工場北側の土地を造成して販売を開始していましたが、当時、近隣住民は、悪臭、工場内の汚泥、水質汚濁等の環境悪化を問題視しており、造成地内の住民も、Ｙに苦情を寄せていました。

　Ａ工業による対策はその後も講じられませんでしたが、Ｙは、昭和57年、調停により、「Ａ工業は操業を停止し、土地上の油脂付着物等を除去して明け渡す。Ｙは、建物除却費用と移転費用等を支払い、工場跡地を購入する。」等の内容でＡ工業と和解しました。Ｙは、消臭工事等の悪臭対策を講じ、工場跡地を３期にわたって宅地造成し、順次分譲しました。

　Ｘさんは、第３期の分譲の際に土地を購入しましたが、平成16年７月、市による上下水道の給水管の取替工事が実施された際、油分を大量に含んだ悪臭を放つ汚泥が発見されました。同年９月、Ｙによるボーリング調査等が行われたところ、土壌汚染対策法に基づく土壌溶出量基準を超えた有害物質が検出され、同月28日、Ｘさんら工場跡地の分譲地の住民は、汚染の原因やその実態について説明を受けました。

　Ｘさんは、平成19年８月31日、売主として本件分譲地の履歴等を説明すべきであったなどとして、Ｙに対して、不法行為に基づく損害として合計

65

5,889万円余の支払いを求めて提訴しました。

■Yの言い分■

当社は、本件分譲地の危険性について認識し得なかったのですから、販売の際にその履歴等を説明すべき義務があるとはいえません。また、Xさんらの不法行為に基づく請求権は時効により消滅しています。

▶トラブルの結末◀

裁判所は、次のように判示し、Xさんの請求のうち土地売買と建物工事代金の50パーセントに相当する1,250万円、弁護士費用120万円、合計1,370万円を認めました。

1. YがXと契約を締結した際、Yは、自身が本件分譲地を購入する以前、A工業の操業が原因で生じる悪臭や水質汚濁等が問題視されていたこと、上記問題を解決するため、Yが本件分譲地を購入するに至ったこと、本件分譲地がYに引き渡された際、同地には悪臭が残存しており、同地の表面には灰色がかった土が存在していたこと等について認識していたということができる。

   また、契約当時においても、有害物質に関する規制自体は存在し、油臭による不快感等が生活に支障を生じさせることも一般的に認識されていたと考えられる。

2. そうだとすれば、Yとしては、安全性、快適性に関するより詳細な情報を収集すべく調査をした上で、その調査内容を説明するか、このような調査をしない場合でも、少なくとも、認識していた上記の各事情のほか、同地中に存在する可能性のある物質は、居住者の安全を害し得るものであることについて説明すべき義務があったというべきである。Yには上記義務違反があり、同義務違反は不法行為を構成する。

19 17年前に買った土地に、土壌汚染があることがわかった。

トラブルから学ぶこと

　本件では、17年も前の売買契約について、売主業者が土壌汚染についての説明義務を怠ったことによる不法行為責任が認められました。調査説明義務に関し、宅建業者としては留意すべき事案といえます。

　なお、不法行為に基づく請求権は、引渡しから20年、Xさんが損害を知ってから3年で消滅時効が（民法の債権関係の法改正（令和2年（2020年）4月施行）による）完成することになりますが、本件はその期間内の請求です。

（参考裁判例：平成23年5月31日岡山地裁判決）

20 | 住宅の売主と媒介業者が、隣人との トラブルを説明しなかった。

<責任の主体：売主、媒介業者（売買）>
<請求の根拠：説明義務違反等に基づく損害賠償請求>

　私は、媒介業者の媒介により、売主から居住を目的に土地建物を買受けましたが、隣人とのトラブルにより、結局この建物に居住できませんでした。売主と媒介業者に対し、説明義務違反、不法行為による損害賠償を請求したいと思っています。

（X氏　36才　会社員）

●苦情の内容●

　平成13年9月ころ、売主Y1は、本件不動産を売却しようと媒介業者Y2にその売却の媒介を依頼しました。

　平成14年3月、買主Xさんの妻と3人の子はY2の従業員Aとともに本件建物を訪れ、Y1の妻が応対しましたが、その際、西側隣人（本件隣人）から苦情がきているとの話はありませんでした。同月16日、Xさん、Xさんの妻、Y1、Aは売買契約締結のため、Y2の営業所に集まり、Xさんはその場で、Y1から、本件不動産の状況を記載した物件状況等報告書（本件報告書）を受領しました。本件報告書の、「その他買主に説明すべき事項」の「その他」欄には「西側隣接地の住人の方より、騒音等による苦情がありました。」との記載（本件付記）がありました。XさんはY1との間で、売買契約を締結し、同月28日、代金2,280万円を支払い、所有権移転登記を受けた。

　Xさんは同年6月9日、子とともに本件建物を訪れたところ、本件隣人から「うるさい。」と言われ、同月15日、及び23日ころ、Xさんの妻及び子とともに本件建物を訪れた際も、苦情を言われ、警察官を呼ぶ騒ぎとなりました。Xさんは本件隣人のため本件建物では平穏に生活できないと考え、本件建物に一度も引っ越すことなく、居住を断念しました。

　XさんはY1及びY2に対し、説明義務違反、不法行為による損害賠償を請求しましたが、一審地方裁判所は請求を棄却したため、Xさんは控訴しま

した。

■Ｙ１の言い分■

　平成12年３月以降は、本件隣人とトラブルなく居住していたし、積極的に虚偽の説明をしてＸさんを騙したりしてはいません。売却の動機は経済的理由によるものです。

■Ｙ２の言い分■

　近隣居住者の状況は宅建業法35条により説明義務を負う重要事項に当たりません。近隣居住者の状況は、個人のプライバシーに関する事項であり、その調査、報告は容易でなく、近隣居住者の生活態度を説明しなかったとしても、直ちに媒介業者の説明義務違反にはなりません。

▶トラブルの結末◀

　裁判所は次のように判示し、不動産価値の減少分として購入価格の20%相当額の支払を命じました。
1. 売主が買主から直接説明することを求められ、かつ、その事項が購入希望者に重大な不利益をもたらすおそれがあり、その契約締結の可否の判断に影響を及ぼすことが予想される場合には、売主は、信義則上、当該事項につき事実に反する説明をすることが許されないことはもちろん、説明をしなかったり、買主を誤信させるような説明をすることは許されないというべきであり、当該事項について説明義務を負うと解するのが相当である。Ｙ１は、Ｘから本件付記について尋ねられた際、①本件隣人は、Ｙ１が本件建物に引っ越した翌日に「子供がうるさい。黙らせろ。」と苦情を言ってきたこと、②本件隣人は、平成12年３月ころにも子供がうるさいと怒り、洗濯物に水をかけたり、泥を投げたこと、③Ｙ１は、本件隣人について自治会長や警察に相談したこと、についてＸに説明しなかった。Ｙ１は、信義則上、売主に求められる説明義務に違反したというべきである。
2. 居住用不動産の売買の媒介を行おうとする宅建業者は、購入者が当該建物において居住するのに支障を来すおそれがあるような事情について客観

的事実を認識した場合には、当該客観的事実について説明する義務を負う。

3．Y１及びY２の説明義務違反によってXが被った損害は、Xが支払った本件不動産の売買代金2,280万円と、本件隣人について適切な説明がなされた場合に想定される本件不動産の交換価値との差額であるというべきである。本件不動産は本件隣人がいない場合の交換価値と比較して、少なくともその20％相当額が減価していると認められる。

トラブルから学ぶこと

　本判決は、物件状況等報告書に、売主に隣人から苦情がある旨の記載があるものの、買主の質問に対して、具体的な隣人とのトラブルを説明しなかった等から、売主と媒介業者の説明義務違反が認められたものです。

　売主と媒介業者は、把握している近隣住民とのトラブルについては、具体的に説明する必要があることを示す参考となる裁判例といえるでしょう。

（参考裁判例：平成16年12月2日大阪高裁判決）

21 暴力団事務所が近隣ビルにあることの説明がなかった。

＜責任の主体：媒介業者（売買）＞
＜請求の根拠：説明義務違反に基づく損害賠償請求＞

　私の購入した土地の近隣のビルに、反社会的勢力と関係の深い事務所がありました。その説明をしなかった媒介業者に損害賠償の請求をしたいのですが。

（Ｘ氏　55才　自営業）

●苦情の内容●

　平成23年９月７日、Ｘさんは、宅建業者Ｙの媒介で売主Ａとの間で、都心部の土地（コインパーキング　206.90㎡、以下「本件土地」という。）を２億円で購入する売買契約（以下「本件契約」という。）を締結し、同年10月28日までに売買代金の全額を支払いました。

　本件土地の北西側には４ｍ道路を挟んで地下１階地上３階のビル（以下「本件ビル」という。）が存在しています。

　同年11月21日、Ｘさんは、コインパーキングの不適切な使用について駐車場管理会社へ問い合わせたことにより、本件ビルが暴力団関係団体の事務所であることを知りました。

　Ｙは、Ｘさんよりそのことについて連絡を受け警察署にて確認したところ、暴力団関係団体の事務所であるとの回答を得ました。

　Ｘさんは、Ｙは、本件土地の売主であるＡから「本件ビルについては、いろいろと言われているが、単なる興行事務所である」旨告げられたこと等により、本件ビルが問題のある施設である可能性を認識していたのであるから、警察署を訪れるなどして必要な調査を尽くし、その内容を説明すべき媒介契約上の善管注意義務を負っていたのに、これを怠ったなどと主張して、Ｙに対し、上記調査義務違反に基づく損害賠償として、本件土地の購入に関し支出した代金等の支払を求めて提訴しました。

71

■Yの言い分■

当社は、本件売買契約締結当時に、本件土地の周辺に暴力団事務所を含む嫌忌施設が存在すること、または、その可能性について認識していなかったので、調査説明義務を負いません。

▶トラブルの結末◀

裁判所は、次のとおり判示し、Xさんの請求を棄却しました。

1. Aが本件土地を取得した時点における担保不動産競売手続において、本件ビルが暴力団関係団体の事務所として使用されている可能性について追加調査を行った執行官が、本件ビルについて外観上特別な建物と思われるものは見あたらなかったとの意見を述べていること、Yの担当者を含むY従業員は、本件土地の引渡しまでに複数回本件土地周辺に赴いて測量や境界立会の作業等をしているが、その際、暴力団関係団体の事務所の存在をうかがわせる事情はなかったこと等から、Yの担当者らが、本件ビルに暴力団関係団体の事務所が存在するとの事実を認識していたと認めるに足りる証拠はない。

2. XがYに対し、周辺物件の所有者や使用者について、反社会的勢力であるか否かの調査を行うよう要望したとの事実はうかがえないのであり、Yに個々の所有者や使用者の属性について調査すべき義務があったとまでは解することができない。

3. 媒介契約締結前のAの代表者とYの担当者の会話は、何らの資料に基づかず行われたものであること、その説明から暴力団関係団体の存在を認識するのは困難であることからすると、仮にAの代表者の供述どおりの説明が行われていたとしても、これによりY担当者が本件土地の周辺に暴力団関係団体の事務所が存在すると認識していたとは認められない。

トラブルから学ぶこと

　本件では、媒介業者に対する損害賠償請求は認められませんでしたが、買主Ｘの売主Ａに対する別件訴訟では、本件ビルの存在は土地の瑕疵とは認められないとされ、契約解除請求は棄却されたものの、「指定暴力団系の興行事務所」であると認識していたＡには信義則上の説明義務違反があるとされ、売買代金の１割相当額がＸの損害として認められました。

　本件は、媒介業者は、後々のトラブルを避けるため、物件調査等において、売主に対して、物件の瑕疵やその可能性等を、出来る限り書面等により告知してもらうことが重要であることを再認識される事案です。

（参考裁判例：平成26年４月28日東京地裁判決）

VI

その他

| 22 | 媒介業者が売買すべき価額の算定根拠等を告知しなかったため、被った損害を媒介業者等に求めたい。 |

<責任の主体：媒介業者（売買）>
<請求の根拠：説明義務違反に基づく損害賠償請求>

　私は、所有不動産を売却する媒介契約を締結しましたが、その際に、媒介業者が売却価格の算定根拠や瑕疵担保責任の内容を告知しなかったため、不適正な価格で不動産を売却して損害を負ってしまいました。媒介業者とその従業員に損害賠償を求めています。

（X氏　51才　会社員）

●苦情の内容●

　Xさんは、平成17年6月、宅建業者Y1との間で、所有している土地建物の売却に関して、媒介価額を2,880万円とする専任媒介契約を締結しました。その際、Y1の従業員Y2は、レインズの成約事例と売出事例を示し、Yが本件不動産の価格を2,880万円と評価した根拠を伝えました。

　その後、Xさんは、レインズを通じて本件不動産の購入を希望した買主Aとの間で売買代金の交渉を行い、平成17年8月、売買価格を2,750万円として、Y2の立会いのもとで売買契約を締結しました。

　この売買契約時に、Xさんは、Y2への質問により売買契約書記載の瑕疵担保責任の意味とその内容（本売買契約では特約により、売主が責任を負う期間は2か月とされていた）を知りました。

　本件不動産の引渡しの後、平成17年11月に本件建物において雨漏りが発生したため、Aの依頼でY2から瑕疵担保責任の履行を求められましたが、Xさんがそれを拒絶したため、Y1がその工事費用2万1,000円を負担しました。

　売買契約締結後2年以上が経過した平成19年10月になって、Xさんは、売買すべき価額の算定根拠、売主の瑕疵担保責任の告知義務違反などがあったことにより、Aとの売買で不適正な売買価格が設定され、140万円の損害を負ったとして、Y1とY2に対して、損害賠償を請求しました。一審（簡裁）は請求を全部棄却したため、Xさんは控訴しました。

■Ｙ１とＹ２の言い分■

専任媒介契約の締結時に瑕疵担保責任の存在を告知しなかったこと、売出価格を2,880万円に設定したことは認めますが、Ｘさんから、2,880万円よりも低い価格を設定しないでほしいと言われたことや、Ｙ２が「今売らないと売れなくなる」等と言ったことはありません。

▶トラブルの結末◀

裁判所は、次のように判示し、Ｘさんの請求を棄却しました。

1．Ｙ１は専任媒介契約の締結の際に、Ｘに対し、レインズを用いて調査した本件不動産周辺の成約事例と売出中物件の情報を記載した書面を示した上で、Ｙらが本件土地を2,730万円、本件建物を150万円、本件不動産を2,880万円と評価したことを告知したことが認められる。したがって、Ｘの主張する算定根拠の不告知による債務不履行および不法行為の成立を認めることはできない。

2．Ｘは、Ｙ１が専任媒介契約時において、瑕疵担保責任の存在を告知しなかったことは、Ｘに対する債務不履行および不法行為にあたると主張する。しかし、不動産取引の媒介業者は売買契約の締結時までに瑕疵担保責任の存在を告知すれば十分であって、媒介契約の締結時にこれを告知する義務があるとまではいえない。そして、Ｙ１は本件売買契約締結時において、Ｘに対して売買契約上の瑕疵担保責任の内容を告知したことが認められる。

トラブルから学ぶこと

　本事例では、レインズ登録の取引事例等を根拠として、価格についての意見を売主に説明した媒介業者に告知義務違反がないとされました。

　宅建業者は、媒介契約書において、売買すべき価額は必要的記載事項であり、当該価額に関する意見の根拠を明示することは義務であることを常に認識しておく必要があります。

（参考裁判例：平成21年3月24日東京地裁判決）

23 住宅ローン借入れについて媒介業者が助言してくれず、売買契約を解除されてしまった。

23 住宅ローン借入れについて媒介業者が助言して くれず、売買契約を解除されてしまった。

<責任の主体：媒介業者（売買）>
<請求の根拠：説明義務違反に基づく損害賠償請求>

　　私は、住宅ローンの借入れが拒絶され、売買代金が支払えず、売主から売買契約を解除されて違約金を支払いました。ローン特約による解除期限内に融資の申込みを促すべきであったのに、これを怠った仲介業者や銀行に対して、損害賠償を請求したいのですが。

（Ｘ氏　48才　会社員）

●苦情の内容●

　Ｘさんは、宅建業者Ｙ１の媒介により、平成20年９月７日、売主Ａから、土地・建物を代金4,500万円で買い受ける売買契約を締結し、手付金225万円を支払いました。

　本件売買契約には、「買主は、売買契約締結後、住宅ローンの借入れの申込みをし、その全部又は一部につき同年10月２日までに借入れを受けられないときは、同月13日までの間、本件売買契約を解除することができる」とする特約がありました。

　Ｘさんは、団体信用生命保険への加入が認められず、銀行Ｙ２から住宅ローンの借入れをすることができなかったため、残代金の支払いの遅滞に陥り、平成21年６月９日、Ａから本件売買契約を解除されてしまいました。

　Ａは、Ｘさんに対し、本件売買契約に係る違約金として225万円の支払いを求める訴えを提起し、Ｘさんは、既払の手付金225万円の返還を求める反訴を提起したところ、裁判所は、平成23年３月９日、Ａの本訴請求を全て認め、Ｘの反訴請求を棄却、控訴審において、ＸさんがＡに対し解決金200万円を支払う旨の訴訟上の和解が成立しました。

　その後、Ｘさんは、Ｙ１、Ｙ２に対し、損害賠償を請求する訴訟を提起しました。

79

■Ｙ１の言い分■

当社は、Ｙ２の指示に従って借入手続きを代行しており、媒介契約上の義務に違反する点はありません。

■Ｙ２の言い分■

住宅ローン特約については、Ｙ１がしっかり説明すべきもので、当行には関係ありません。

▶トラブルの結末◀

裁判所は、次のように判示し、Ｘさんの請求を一部認めました。

1. 本件売買契約には平成20年10月13日を買主からの解除権行使の期限とする本件住宅ローン特約が付されていたのであるから、Ｙ１は、住宅ローンの借入れができず、売買代金の決済が不可能となった場合に備えて、本件住宅ローン特約上の解除権を行使して、Ｘらにおける損害の発生・拡大を防止する機会を確保するために、可能な限り借入れの可否についての判断が上記期限までに示されることを目指して、Ｙ２と交渉し、借入れに必要な手続をＸらに促すなどの助言を与える義務を負っていたというべきである。

   認定事実に照らせば、平成20年11月11日頃までの間、Ｘらは借入れの申込みをしておらず、これはＹ１がＹ２との折衝の状況や必要な手続を正確に説明せず、必要な助言等も行っていないことに起因するものと認めることができ、Ｙ１は、Ｘらが本件住宅ローン特約により本件売買契約を解除する機会を失ったことにより生じた損害について賠償する責めを負うものというべきである。

2. Ｙ２としては、ＸらはＹ１から必要な助言を得ていたものと考えて当然であり、Ｘらに借入れの申込みを積極的に促すなどの義務を負うべき根拠は見当たらない。従って、ＸらのＹ２に対する請求には理由がない。

3. ＸがＹ１に対して支払った仲介手数料75万円（半金）に加えて、本件住宅ローン特約による解除権を行使できず、Ａから返還を受けることができなかった手付金225万円、Ａに対して支払った解決金200万円についても、

それぞれＹ１の債務不履行と因果関係のある損害と認めることができる。

トラブルから学ぶこと

　本判決は、ローン特約に係る助言義務を怠ったものとして媒介業者の損害賠償責任が認められた事例です。特に、本件は、売買当事者間で契約解除をめぐって訴訟になり、高裁で和解が成立した後で、媒介業者の説明義務違反が固有の論点として重点的に争われた事案であり、媒介業者の助言義務について、実務上も参考となります。

（参考裁判例：平成24年11月 7 日東京地裁判決）

24 外国法人から不動産を買い受けたが、源泉徴収義務に関する説明がなかった。

<責任の主体：媒介業者（売買）>
<請求の根拠：説明義務違反に基づく損害賠償請求>

私は、私が経営する法人（宅建業者）の名義でマンションを2室購入しました。その際、媒介業者と、売主の顧問税理士が取引に介在しましたが、そのいずれからも、外国法人売買代金等の源泉徴収義務の説明を受けませんでした。その結果、所得税本税、不納付加算税、延滞税が課せられました。所得税本税は、売主から回収できましたが、不納付加算税と延滞税を損しました。媒介業者と顧問税理士は、損害を弁償すべきです。

（X氏　50才　会社役員）

●苦情の内容●

　X1さんの経営する法人X2は、アメリカ合衆国ハワイ州で設立された外国法人Pが所有する、都内の地上36階のビルの3305号室と3403号室を、宅建業者Y1の仲介で購入しました。

・3305号室　売買代金1億6,000万円　契約日19年7月23日：決済日19年8月31日

・3403号室　売買代金3億円　　　　　契約日19年10月31日：決済日19年11月末日

　両契約に際しては、Y1の他、Pの顧問税理士であるY2が介在し、X2は、両者に所定の報酬を支払いました。

　平成21年5月頃、所轄税務署からX2に対し、Pに対する本件売買代金の支払いと、Y2に対する報酬の支払いに際しては、源泉徴収を行った上で、その所得税を納税する義務があったとの指摘を受けました。

　同社は、Pと交渉の上、所得税相当額である4,600万円（（1億6,000万円＋3億円）×10％）につきその返還を受けた上、同年5月20日、同額を納付しました。

　また、同社は、所轄税務署長から、平成21年6月30日付で、本件売買代金支払に伴う源泉徴収を怠ったことで、不納付加算税460万円、延滞税214万

7,215円の賦課決定を受けました。

　そこで同社は、Ｙ１、Ｙ２に対し、本件売買代金支払に伴う不納付加算税と延滞税相当額の支払いをするよう求めました。

■Ｙ１、Ｙ２の言い分■

　本件売買代金を支払うにあたり、源泉徴収義務が生ずるか否かといった税務上の問題点の存否は、不動産媒介業者が説明すべき重要事項の中には含まれません。したがって、損害賠償義務は負いません。

▶トラブルの結末◀

　話し合いで解決しなかったため、Ｘ２は、訴訟を提起しました。裁判所は、次のとおり、Ｘの請求のうち、説明義務については否認しました。
1．Ｙ１は、宅建業者として、Ｘ２との間で、不動産売買の媒介の契約を締結していたに過ぎないし、もともと宅建業者たるＹ１において、その重要事項説明の内容として、Ｘ２が負担すべき税金の内容や金額、源泉徴収義務の存否等についてまで、これを調査、報告すべき義務を負うものではない。
2．Ｙ２が税理士としての専門的知識を持つものであったことを考慮したにしても、Ｘ２が何らの具体的質問も相談されたわけでもないのに、Ｙ２の方からＸ２に対して、本件売買代金についての源泉徴収義務があることを告知すべき信義則上の法的義務があるとまではいえない。
3．以上の次第で、Ｙ１、Ｙ２には、源泉徴収義務があることを告知すべき契約上の義務も、信義則その他の法律上の義務もないから、これを告知しなかったことが、Ｙ１、Ｙ２の債務不履行または不法行為となる余地はなく、Ｘ２のＹ１、Ｙ２に対する損害賠償はいずれも理由がない。

トラブルから学ぶこと

　所得税法212条によれば、非居住者・外国法人の所有する不動産を買い受ける者は、原則として、売買代金支払の際、代金の10％の所得税を徴収し、翌月10日迄に、国に納付する義務があります。これを失念して、納付期限を過ぎると、不納付加算税と延滞税の支払義務が生じることになります。

　媒介業者は、後々のトラブルを回避するために、説明義務の有無にかかわらず、非居住者・外国法人を売主とする取引の媒介に当たっては、買主に対し、税務署・税理士へ自ら照会・相談するよう助言することが望ましいでしょう。

（参考裁判例：平成22年10月18日東京地裁判決）

25 貸主が破綻して預けていた敷金等が回収できなくなったが、心配ないと説明した媒介業者に責任を問いたい。

<責任の主体：媒介業者（賃貸）>
<請求の根拠：説明義務違反に基づく損害賠償請求>

私は、媒介業者から、貸主の資力信用に関する不適切な説明を受けたため、貸主に預けていた金銭が回収できなくなってしまいました。媒介業者や説明を行った宅地建物取引主任者（現：宅地建物取引士）に責任を取ってほしいのですが。

（Ｘ氏　45才　自営業）

●苦情の内容●

Ｘさんは、インターネットカフェを開店する目的で、平成16年３月、宅建業者Ｙ１の媒介で、Ｙ１の従業員で宅地建物取引主任者（現：宅地建物取引士）であるＹ２から重要事項説明を受け、同日、貸主Ａと建物賃貸借契約を締結しました。その際Ｘさんは、手付金（建物賃貸借期間開始後は敷金に充当されると約定されたもの）1,800万円を貸主の口座に送金し、媒介手数料210万円をＹに支払いました。

ところが、その後、Ａが破綻し、契約締結日の約２か月後に、本件建物が競売開始決定となり、その約１か月後には、賃料債権について債権差押命令の送達を受けました。

Ｘさんは、競売の申立と賃料の差押申立を取り下げさせるよう、Ａに催告した上で、建物賃貸借契約を解除しました。

そして、Ｘさんは、Ｙ１の従業員Ｙ２は、「建物に多くの担保がついているが、担保が多いということは事業を手広く行っていることの証拠であり心配ない。」「Ａは倒産しない。」「賃借権は、抵当権に優先する。」などと誤った不適切な説明を行ったこと、登記簿上から破綻する状況にあったことが容易に判断できたのに、Ａと担保権者らとの交渉状況について調査説明する義務を怠ったことを理由に、Ａに預託した手付金（敷金）1,800万円、建物内装設計料892万円余の損害賠償をＹ１とＹ２に求めて提訴しました。

■Ｙ１とＹ２の言い分■

　媒介業者である当社は、Ａが債権者からの差押えが迫っているような経済状態であることを認識できる状況にはありませんでした。

▶トラブルの結末◀

　裁判所は、次のように判示し、Ｘさんの請求を棄却しました。

1. 本件重要事項説明書には、Ｙ１が知る限りのＸにとって重要と思われる事実が憶測を交えずに記載されている。また、Ｙ２はＹ１の法務部長に相談の上、Ｘに重要事項説明を行っている事実が窺え、そのような慎重な対応をしていたＹ２が、Ｘが供述するような説明を行ったとするのは自然でない。さらに、「抵当権者の同意により賃貸借に対抗力を与える制度（民法387条１項）」に基づき、抵当権者の一人から劣後同意の登記に協力する旨の書類を受領済みであり、他の抵当権者からも受領予定であると説明していたＹ２が、「賃借権は抵当権に優先する。」との説明を行ったというのも不自然である。

2. Ｘは、以前賃借していた店舗が抵当権の実行による競売のため退去させられ、敷金や保証金が返還されなかった経験があり、重要事項説明の際にはＡの経済状態について問い質している。そのＸが、極めて楽観的な憶測というべきＹ２の説明を信じたということも不自然であり、Ｘは抵当権の存在にある程度の危険性や危惧を抱いたかも知れないが、本件建物がＸの経営にとって魅力的なため、抵当権者から賃借権を優先させる同意書を取得するまでの危険を感受した上で本件賃貸借契約を締結したものと推定できる。

3. Ｙ１らの知っていた事実に基づく限りにおいては、本件建物全体の抵当権等の実行が切迫していたこと等を窺わせる事実はない。また、媒介業者に調査義務を課したとしても、抵当権者は、抵当権設定者からの同意がない限り、媒介業者の調査に応じないことが予想されるから、賃貸人と抵当権者らとの交渉状況について調査説明する義務を媒介業者に認めることは困難である。

25 貸主が破綻して預けていた敷金等が回収できなくなったが、心配ないと説明した媒介業者に責任を問いたい。

トラブルから学ぶこと

　貸主の資力信用は、よく重要視されますが、本件では、建物賃貸借の媒介において、媒介業者の貸主の資力信用に対する調査義務が問題とされており、判決では、様々な事情を総合的に勘案して消極的に解しています。

　なお、借主の賃借権を保全する方法としては、本事案にも出てくる「抵当権者の同意により賃貸借に対抗力を与える制度（民法387条1項）」があることにも留意しておくべきでしょう。

（参考裁判例：平成19年6月5日東京地裁判決）

26 投資用不動産購入の勧誘を受け、高額な価格で買わされた。

<責任の主体：媒介業者・売主業者（売買）>
<請求の根拠：説明義務違反に基づく損害賠償請求>

投資用不動産購入の勧誘を受け、当該不動産を購入しましたが、不当に高額な価格で買わされました。これは媒介業者、売主業者、従業員らに共謀があったもので、損害を賠償させたいと考えています。

（X氏、31才、派遣社員）

●苦情の内容●

　Xさんは、派遣社員であり、不動産取引や投資の経験はありませんでした。

　平成24年8月、Xさんは、派遣先の同僚から、宅建業者Y1の事務所で従業員Y2を紹介され、その後Y2から、不動産を取得して賃貸すれば、賃料と住宅ローン返済との差額で利益が出る、2年程で物件を手放せばリスクも少ないとの説明を受けました。その際、Xさんは、Y2が選定する不動産を、住宅ローンを組んで購入し、その後の収益と返済の管理等の一切をY2に委託することを了承しました。

　Xさんは、9月3日、売主業者Y3と本件物件を4,580万円で購入する売買契約を締結しました。

　Y2は、9月21日、Y1を貸主代理として、本件物件の2階及び3階部分を月額家賃10万5,000円で、12月2日には、1階部分を月額家賃5万8,000円で賃貸を開始しました。

　Y2は、10月上旬頃、Xさんに対し、本件物件からの利益として20万円を支払いましたが、その後支払はしていません。

　Xさんは、平成26年11月2日、本件物件を売却し、諸費用控除後の3,145万円余をローンの返済に充てたが、全額を返済することはできませんでした。

　Xさんは、Y3から不当に高額な価格で不動産を購入したが、これについてY1らには共謀があるなどとして、Y1らに対して、損害賠償を求めて提

訴しました。

■Y１らの言い分■

　Y２（従業員）は、Y１（不動産業者）とは全く無関係に、個人で本件契約に関係したのであって、Y１は本件契約には一切関与していません。

　Y３は、本件契約を締結した原告の動機や目的等を承知しておらず、被告Y１及びY２と共同不法行為責任を負うことに理由がありません。

▶トラブルの結末◀

　裁判所は、次のように判示し、Xさんの請求を一部認めました。

１．Y２は、投資に関する知識や経験の乏しい人物を勧誘して、投資名目で不動産を購入させ、その紹介料を売主から得る目的で、不動産取引や投資の経験のないXの知識不足につけこみ、断定的判断を提供し、必ずしも投資に適していない本件物件をXに購入させたと認めることができ、このようなY２の行為は、Xの法律上保護された利益を侵害する不法行為に該当するというべきである。

２．Y２の上記不法行為に関しては、①Xに対する投資勧誘や住宅ローンの事前審査申込書の作成がY２の事務所で行われ、②本件契約締結の際、Y１が車を運転してXをY３の事務所まで連れて行き、③Y１の営業活動を行っていた者がXの住民異動届を行った、といった事実があり、これらに照らすと、Y２の不法行為は、Y２の事業の執行について行われたものと認められ、Y１は、Xに対し、使用者責任を負う。

３．Y３が、Y１に200万円の紹介料を支払った事実を踏まえても、Y１と共謀した事実を認定するのは困難といわざるを得ない。

４．よって、Xの請求は、Y１とY２に対し、損害額1,578万円余と遅延損害金の連帯支払を求める限度で理由がある。

トラブルから学ぶこと

　本件では、担当者の行為は、買主の法的利益を違法に侵害する不法行為であり、媒介業者は、その使用者責任を負うとして両者の責任が認められています。

　投資用マンションの悪質な勧誘行為については、消費者契約法4条2項による売買契約の取消請求を認めた裁判例もあり、また、従来から行政庁による注意喚起が行われていますが、買主側にも慎重な対応が望まれます。

　なお、「宅地建物取引業法の解釈・運用の考え方」第47条の2第1項関係では、例えば、「2～3年後には、物件価格の上昇が確定である。」、「この物件を購入したら、一定期間、確実に収入が得られる。損はしない。」などを告げて勧誘する場合は、禁止されている将来利益に関する断定的判断の提供にあたるとされており、宅建業法上の監督処分の対象にもなります。

（参考裁判例：平成27年3月18日東京地裁判決）

27 原野商法被害に遭い、専任の宅地建物取引士の責任を問いたい。

| 27 | 原野商法被害に遭い、専任の宅地建物取引士の責任を問いたい。 |

<責任の主体：宅地建物取引士（売買）>
<請求の根拠：不法行為に基づく損害賠償請求>

　私は、宅建業者からほとんど価値のない地方の山林を不当に高額な価格で売買させられました。この詐欺行為に加担した宅地建物取引士の責任を問いたいのですが。

（Ｘ氏　80才　無職）

●苦情の内容●

　平成27年10月、宅地建物取引士Ｙは、宅建業者Ａの専任の宅地建物取引士への就任を、Ａの従業員Ｂから依頼され、応じることにしました。

　平成28年６月、Ｘさんは、宅建業者Ｃから土地１を498万円で購入しましたが、平成28年９月、Ｘさんは、Ｂの勧誘に従い、土地１をＡに498万円で売却する契約とともに、土地２をＡから798万円で購入する契約を締結し、Ａへ売買代金差額300万円を支払いました。

　平成28年12月、Ｘさんは、Ｂの勧誘に従い、土地２をＡに818万円で売却する契約とともに、土地３をＡから938万円で購入する契約を締結し、Ａへ売買代金差額120万円を支払いました。

　平成29年７月、Ｘさんは、Ｙに対し、不法行為に基づく損害賠償を求め、訴えを提起しました。

■Ｙの言い分■

　私は、飲食店を経営しているので、本来は専任の宅地建物取引士になれないことは知っていましたが、Ａが、原野商法のような違法・不当な取引行為を行うとは知りませんでした。このような事態の可能性を認識していれば、僅かな報酬のためにＡに協力することはあり得ません。

▶トラブルの結末◀

裁判所は、次のように判示し、Xの請求を一部認容しました。

1．Yは、Aが宅建業の免許を得るため、本来は専任の宅地建物取引士とはなり得ないことを認識しつつ、自己を専任の宅地建物取引士として本件免許申請を行うことを承諾し、必要書類をBに交付したもので、本件免許は、Yの協力があって初めて取得が可能であった。

2．Yは、自らがAの唯一の専任の宅地建物取引士として登録されていることを知りながら、その営業内容ないし事業活動について確認することなく、通常であれば、推移の報告をするはずのBがその報告をしないことにも不審の念を抱かず、漫然と毎月5万円の報酬を受領しつつ、事態を放置していたものというべきである。

3．Yは、Aの事務所を訪問するなどしてAの営業実態を自ら確認したり、場合によってはAないしBに、Aにおける自己の宅地建物取引士としての登録の取消しを求めたりするなどの対応をすべきであり、かつ、そのような対応が可能であったと認めるのが相当である。そして、Yがそのような対応をしていれば、Xは原野商法の被害に遭うことはなかった。

4．以上によれば、Yは、Xが土地1を失い、土地2と土地3の売買契約をすることにより合計420万円を支払ったことに対し、過失による不法行為責任を免れない。

トラブルから学ぶこと

　宅建業者が、勤務しない宅地建物取引士の名義を借りて免許申請し、免許を得ていたことが判明した場合は、免許の取消し処分や刑事罰を受けることがあります。また、名義を貸した宅地建物取引士も、登録の消除等の処分を受けることがあります。

　本件では、名義を貸した宅地建物取引士について、場合によっては、投資詐欺による多額の損害賠償請求を受けることもあり得ることを示しており、宅地建物取引士の名義貸しは厳につつしむべきといえるでしょう。

（参考裁判例：平成31年1月9日東京高裁判決）

| 28 | 宅建業者が、高齢の父の意思能力の欠如に乗じて土地を買い取ってしまった。 |

<責任の主体：司法書士（売買）>
<請求の根拠：不法行為に基づく損害賠償請求>

　　不動産を所有する高齢の父を訪問してきた宅建業者が、訪問当日に売買契約を締結し、翌日には、引渡しと所有権移転登記手続まで行ってしまいました。
　　この取引は売主の意思能力欠如に乗じて不動産を奪取したものであり、買主業者等と登記手続をした司法書士は、損害を賠償すべきです。

（Aさん　60才　会社員）

●苦情の内容●

　Aさんの父X（87歳）は、アルツハイマー型認知症と診断され、月に1、2回の通院を行っていました。また、平成24年7月、Xは都市部のマンションの一室を所有し、第三者に賃貸していました。

　同年7月23日、不動産登記記録の調査により、X氏が本物件を所有していることを知った宅建業者Y1の社員Y2は、X宅を訪問してきて、その日にXとY1は、本物件に関し、売買代金を700万円、買主をY1とする売買契約を締結し、Y2は、Xに手付金140万円を交付しました。

　翌日、Y2は、Xと共に喫茶店に行き、Xに、残代金とその他の清算金の合計額563万円余を額面とする小切手を交付しました。なお、その場に司法書士Y3が同席し、所有権移転登記手続に必要な書類を取得しました。

　後日、Y1は、他の宅建業者に本物件を1,350万円で売却しました。

　その後、Xの成年被後見人に選任されたXの長男は、Xの法定代理人として、Y1、Y1の代表者Y4、Y2、Y3に対し、売買契約は売主の意思能力欠如に乗じて不動産を奪取したものだとして、共同不法行為等に基づく損害賠償を請求する訴えを提起しました。

　一審地方裁判所は、本件取引は、Xの理解力・判断力が乏しいことに乗じて、本物件を買い取ったものと言わざるを得ないとして、Y1、Y2、Y4に対する請求を認めましたが、Y3に対する請求は認められず、XとY3以

外のYらが各々控訴しました。

■Yらの言い分■

　我々は、X氏が87歳と高齢であることから、物件の売却意思、売買価格が700万円であることの了解等についての確認を繰り返し行いました。その結果、X氏の意思能力には問題がなく、売却意思が明確であり、売却価格についての同人の明確な了解を得られていることを確認できたので、契約締結に至ったのです。

▶トラブルの結末◀

　裁判所は、次のように判示し、Xの請求を一部認容しました。

1．司法書士は、その業務内容に照らし、疑わしい事情がない限り、申請人の意思能力の有無や登記原因証明情報に係る書面が偽造によるものでないこと等の実質的な要件についてまで調査する一般的な義務を負っているということはできない。

2．しかし、司法書士は、登記等の専門家として、依頼者の属性や依頼時の状況、依頼内容等の具体的な事情に照らし、登記申請意思の真実性に疑念を抱かせるに足りる客観的な状況がある場合には、これらの点について調査を尽くし、上記の疑念を解消できない場合には、依頼業務の遂行を差し控えるべき注意義務を負っているものと解するのが相当である。

3．本件売買契約が、Xが87歳という高齢で、親族の立会いもなく、登記済証も所持しておらず、Y3が、代金額が相場に比し相当低廉（注・原審・控訴審とも本物件の時価相当額は少なくとも2,000万円を下らないと認定した。）であることを不動産取引の専門家として認識していたと推認できること、売買契約の翌日に残代金の決済と登記手続が完了するという内容で、決済も喫茶店で行われたことに照らすと、Y3において、Xが700万円で本物件を売却して所有権移転登記を申請する意思の真実性には疑念を抱かせるに足りる客観的な状況があったというべきである。

4．Y3は、Xが、「Y2から十分な説明を受けて本物件を売却することを了承する」旨等が記載された立会決済確認書に署名押印を徴したにとどまり、それ以上に特段の調査をしたことがうかがわれない本件においては、

注意義務を尽くさなかったものといわざるを得ず、登記申請代理業務の専門家として、不法行為責任を免れない。

5．Xの請求は、被告らの全員に対し、1,430万円と遅延損害金の支払いを求める限度で認容すべきであるから、この限度で原判決を変更する。

トラブルから学ぶこと

　本判決は、司法書士は、申請者の意思に疑念を抱かせるような状況があるならば、これらの点について調査を尽くすべきであるとして、一般的な調査の範囲を超えた注意義務を負っていると判示しました。

　司法書士が、依頼者の本人確認書類の偽造に気付かなかったことに注意義務違反はないとした裁判例（横浜地判　平成25・12・25）もありますが、本判決は、登記等の専門家としての司法書士の職責をより広義に解しており、地裁判決を含め、宅建業者が参考とすべき事例です。

（参考裁判例：平成27年4月28日東京高裁判決）

第2章
契約解除に関するトラブル

　不動産取引のトラブルで多く見られるものの一つとして、契約解除に関するトラブルがあります。

　具体的には、売主と買主の間で成立した売買契約について、当事者の一方から、契約解除（契約をなかったこととする）の要件に該当し、契約解除したい旨の申立てがあったが、当事者のもう一方が、契約解除の要件に該当せず、契約解除はできないと主張し、契約解除の可否が争われるトラブルです。

　主要な契約解除としては、例えば、以下のようなものがあり、本章では、これらのうちのいくつかの事例や、そもそも契約が成立しているか争いとなった事例について掲載しています。宅建業者、売主、買主等にあっては、トラブルの未然防止や円滑な解決を図るため、裁判所の判断も踏まえつつ、内容を理解した上で売買契約を結ぶとともに、トラブルが発生した場合には、適切に対応することが重要です。

①手付解除
　買主が売主に支払った手付金を放棄する、または、売主が倍返しすることによって行う契約解除をいいます。ただし、相手方が「履行の着手」を行えば、契約解除はできません。

②違約解除
　売主または買主が、契約違反（債務不履行）をした場合に、相手方に、契約で定めた違約金を支払うことによって行う契約解除をいいます。

③ローン解除

　契約に、ローン特約（買主が金融機関からローンが認められなかった場合に、金銭的な負担なく解除（白紙解除）できる特約）がある場合に、ローンが認められなかったとして行われる契約解除をいいます。

④クーリング・オフ

　個別の法律に基づいて、消費者は、申込みや契約の締結から一定の期間内であれば、理由を問わず無条件で、一方的に申込みの撤回や契約の解除ができる制度をいいます。

　例えば、宅建業法（37条の2）では、宅建業者が自ら売主となる宅地・建物の売買契約について、売主である宅建業者の事務所等以外の場所において、買受けの申込みや契約を締結した買主は、一定の期間経過前、引渡や代金の支払前であれば、書面により、申込みの撤回や契約の解除をすることができるとされています。

⑤個別法に基づく取消し等

　個別法に基づき取消し等ができる場合として、例えば、以下のようなものがあります。

・錯誤　　　　　　　　……民法（95条）
・詐欺・脅迫　　　　　……民法（96条）
・不実告知・断定的判断の提供・不利益事実の不告知・不退去・退去妨害・過量な内容　……消費者契約法（4条）

29 残代金決済の場で、買主が手付金を放棄して契約を解除したいと言い出した。

| 29 | 残代金決済の場で、買主が手付金を放棄して契約を解除したいと言い出した。 |

<責任の主体：買主（売買）>
<請求の根拠：債務不履行による契約解除、違約金請求>

　当社は、個人の買主と土地を売却する契約を結びましたが、残金決済の当日、決済の場で、買主は手付金放棄により契約解除を申し出てきました。手付解除ではなく、違約金を請求したいのですが。

（X社　不動産業）

●苦情の内容●

　平成24年３月、売主業者X社は、買主Yとの間で本件土地を7,200万円で売却する契約を締結し、Yは手付金500万円を支払いました。

　Yは、本件土地の購入について家族の同意が得られず、契約解除を考え始め、決済日直前の媒介業者との打合せにおいて手付解除ができると思い、残金決済日当日、決済の場で手付放棄による契約解除の意思表示をしました。

　これに対し、X社は、本件売買契約の残代金の支払、所有権移転や根抵当権抹消各登記手続を行うための準備をして、決済場所に赴き（同日、本件土地の根抵当権抹消登記手続に必要な書類等を持参した根抵当権者である銀行の担当者と司法書士も本件決済場所に赴いている。）、これらは、本件土地の引渡義務の履行の提供であるから、手付放棄による契約解除は認められないと主張しました。

　その後、X社は、Yに対し、本件売買契約の違約条項に基づき、違約金940万円の支払を求めて提訴しました。

■Yの言い分■

　手付金相当額で補填可能な実損しか生じない行為は、履行の着手とは言えないと思います。また、X社は、所有権移転時に抵当権を同時抹消することでリスク回避を図ったり、最終的には対象物件を第三者に売却し利益を上げており、今回の違約金請求は、信義則違反または権利の濫用ではないでしょ

99

うか。

▶トラブルの結末◀

裁判所は、次のように判示して、Ｘ社のＹに対する違約金の支払い請求を認めました。

1. 本件において、Ｘは、本件売買契約の残代金の支払、所有権移転や根抵当権抹消各登記手続前記各手続を行うための準備をして、残金決済日当日、本件土地の登記簿謄本、印鑑証明書、所有権移転登記手続等のための委任状、測量図面、国税の精算書、資格証明及び領収書等を準備して本件決済場所に赴いたこと、同日、Ｘから依頼を受けた本件土地の根抵当権抹消登記手続に必要な書類等を持参した根抵当権者である銀行の担当者と、Ｘが本件土地の所有権移転及び根抵当権抹消各登記手続を委任した司法書士も本件決済場所に赴いたことが認められ、これらは、客観的に外部から認識し得る本件売買契約の所有権移転や根抵当権抹消の各登記手続と本件土地の引渡義務の履行の提供と認めることができる。そして、Ｙは、Ｘが前記履行の提供をした状態において、Ｘに本件売買契約を解除したい旨を伝えたというのであるから、Ｘは、Ｙが手付解除の意思表示をする前に、履行の着手をしたと認められる。

2. Ｙは、手付金相当額ではてん補できない不測の損害を生じさせない行為は、履行の着手には当たらないと主張するが、履行の着手後に、履行の着手をした相手方に対する手付解除が許されないのは、履行の着手に要した費用の損害をてん補するためだけではなく、契約が履行されるものとして行動した者の期待を保護し、売買契約が履行されなかったことによって不測の損害が生じ得ることを防止するためであるから、履行の着手の有無は、手付解除の意思表示をするまでの相手方の行為から客観的に判断すべきであり、結果として、手付金相当額を超える損害が生じたか否かを判断基準とすべきではない。

3. 所有権移転時に抵当権を同時抹消すること自体は本件売買契約に反する担保権抹消登記手続き方法とは言えないこと、宅建業法上の規定に照らしても売買金額の２０％の違約金が過大とは言えないことなどからすれば、本件違約条項に基づく違約金請求が信義則違反や権利濫用には該当しない。

29 残代金決済の場で、買主が手付金を放棄して契約を解除したいと言い出した。

トラブルから学ぶこと

　「履行の着手」に関しては、最判昭40.11.24（履行の着手とは、「債務の内容たる給付の実行に着手すること、すなわち、客観的に外部から承認し得るような形で履行行為の一部をなし、または履行の提供をするために欠くことのできない前提行為をした場合を指す」）、最判平5.3.16（履行の着手に当たるか否かについては、「当該行為の態様、債務・内容、履行期が定められた趣旨・目的等諸般の事情を総合勘案して決すべきである。」）などにより判断基準が示されています。

　本判決は、これら判例に則した具体的な判断が示されているものであり、実務上参考となるものです。

（参考裁判例：平成21年11月12日東京地裁判決）

30 ローン解除を申し入れても手付金を返してくれない。

<責任の主体：売主（売買）>
<請求の根拠：ローン特約に基づく契約解除（白紙解除）>

　私は、ローン特約付きで土地を購入しました。融資の承認が下りなかったため、ローン解除を申し入れたのですが、売主が手付金を返してくれません。

（Ｘ氏　42才　会社員）

●相談の内容●

　Ｘさんは、媒介業者Ａを通じて売主Ｙへ本件土地の購入申込を行い、平成22年２月24日、Ｂ銀行に対し希望融資額9,500万円として融資の事前審査を申し入れました。Ｂ銀行は正確な情報の提供を求めましたが、Ｘさんは、土地取得資金をその当時合意ができていた7,400万円とせず、売出広告の8,320万円とし、不確定である実親からの援助を1,600万円の自己資金に含めてＢ銀行に申告しました。

　同年３月28日、本件売買契約が締結され、Ｘさんは、Ｙに手付金200万円を支払いました。本件ローン解除条項においては、融資額は本件土地の代金額である7,300万円を超える9,200万円と合意され、建物建築費用等も含めてローンで調達できなければ、本件ローン解除条項が適用されることをＹも了解していました。

　Ｘさんは、同月30日、Ｂ銀行に対し、融資の本審査を申し入れました。その中で、Ｘさんのいう自己資金の相当部分が実は実親からの援助だという事実が判明し、自己資金1,600万円について証拠を求めました。これに対し、Ｘさんは、実親からの生前贈与によって自己資金を捻出することを検討していたが、税務上の観点により、このタイミングでは生前贈与を行わないこととなり、自己資金の証拠は提出できない旨回答し、同年４月21日、融資申込みに係る本審査の申し出を取り下げました。

　Ｘさんは、本件売買契約におけるローン解除条項に基づき本件売買契約を解除するとともに手付金の返還請求を求めて提訴しました。

■Yの言い分■

Xさんは融資の承認に向けた真摯な努力を行ったと言えず、本件ローン解除条項による解除は認められません。

▶トラブルの結末◀

裁判所は、次のように判示し、Xさんの請求を認めました。

1. 特段の事情がない限り、ローン解除条項は、予定された金融機関等からの融資が実行されないことが客観的な障害によるものであったときに解除を認める趣旨のものと解すべきである。そして、客観的な障害によるものであるか否かは、買主が誠実にローンの申請手続を進めていたとすれば、金融機関が融資を承認していたと認められるか否かによって判断されるべきである。

2. Xは、客観的に返済比率の点で融資が承認されなくて当然であると考えられること等に照らすと、Xが誠実にローンの申請手続を進めていたとすれば、金融機関が融資を承認しなかったものと認めるのが相当である。

3. XがB銀行から融資を受けられなかったのは客観的な障害（Xの客観的資力）によるものというべきであるから、本件ローン解除は有効と認められる。

トラブルから学ぶこと

　本事案では、買主に資力不足という客観的障害があり、誠実な手続きをしていても融資は承認されなかったとして、ローン解除条項に基づく解除を有効としました。

　ローン解除の可否については、基本的には、契約内容を踏まえ、判断されると考えられるため、後々のトラブルを防止するために、契約条項で要件を具体的に規定するとともに、買主へ十分に説明し、了解をもらっておくことが望ましいでしょう。

（参考裁判例：平成23年6月22日東京地裁判決）

31 クーリング・オフによる契約解除と 手付金の返還を請求したい。

<責任の主体：売主（売買）>
<請求の根拠：クーリング・オフに基づく契約解除>

　私は、宅建業者から土地を購入しましたが、宅建業法に基づくクーリング・オフ制度により、売買契約を解除する意思表示をし、手付金の返還を求めています。

（X氏　41才　会社員）

●苦情の内容●

　宅建業者であるYは、土地を購入し、平成24年4月以降、3億3,000万円で売り出していました。

　Xさんは、Yの広告を見て、同土地を分筆した後の土地を購入したいとYに伝え、同年7月1日、Yの担当者に資料などをXさんの自宅のメールアドレスに送ってほしいと依頼しました。

　Yは、同土地を分筆し、その一筆（本件土地）をXさんに売却することとし、Yの担当者がメールで、売買契約の締結を、Xさんが建築請負契約の締結を予定していた建設会社Aホームの事務所で行うことなどを提案したところ、Xさんはこれを了解するメールをしました。

　Xさんは、Yから、同月28日、本件土地を1億4,000万円で購入し（本件契約）、手付金1,000万円をYに支払いました。

　本件契約を締結した場所は、Aホームの本店事務所でした。

　その後、Xさんが地盤調査を行った結果、軟弱地盤であることが判明したため、本件土地を購入することを取止めることとし、Yに対し、宅建業法37条の2第1項に基づき、同年9月9日到達の書面により、クーリング・オフによる本件契約を解除する旨の意思表示をしました。

　Xさんは、Yに対して手付金の返還を求めたものの、Yがこれに応じなかったことから、提訴しました。

■Yの言い分■

本件契約の締結場所は、Xさんが選定したAホームの事務所ですから、クーリング・オフ制度の適用はないはずです。

▶トラブルの結末◀

裁判所は、次のように判示し、Xさんの請求を認容しました。

1．本件契約の締結場所は、Yの営業所ではなく、かつ、Xの自宅で本件契約の交渉がなされたものとは認められない。したがって、XのYに対する宅建業法37条の2第1項に基づく本件契約の解除は、有効である。

2．よって、Yは、Xに対し、手付金1,000万円（不可分債務）の返還義務を負っている。

トラブルから学ぶこと

　本件では、買主が了解した建設会社の事務所で売買契約が締結されましたが、クーリング・オフの適用が認められました。

　クーリング・オフについては、「宅建業法の解釈・運用の考え方」（宅建業法37条の2関係）において、クーリング・オフを妨害するような行為については、厳正に対応する必要があるともされており、宅建業者として留意すべきです。

（参考裁判例：平成25年9月17日東京地裁判決）

32 土地売買を繰り返し行わせる原野商法の被害にあった。

<責任の主体：売買業者（売買）>
<請求の根拠：不法行為に基づく損害賠償請求等>

　市場性のない土地について、買い取るふりをしながら実質的には順次交換するような売買の勧誘をされ、短期間に購入と売却を繰り返させ、差額代金を支払わされました。売買を行わせた宅建業者とその元社長に対し、損害賠償を請求したいのですが。

（Ｘ氏　81才　無職）

●苦情の内容●

　Ｘさんは、甲市所在の本件土地１を保有していました。

　平成26年５月頃、Ｙ１（宅建業者）の従業員が突然Ｘさんを訪問し「本件土地１は水道も来ていないし、行き止まりだから売りにくい。」、「Ｙ１で買う。」、「紹介する不動産は、道路にも近いし店にも近いから、買ってもすぐに売却できる。」などと言って本件土地２の購入を勧誘しました。

　Ｘさんは、本件土地１をＹ１に買ってもらうほかなく、本件土地２を購入して売却すれば元を取ることができると信じ、さらに、Ｙ１の従業員の「紹介する各土地は、高く売れるので買った方がよい」との勧誘に応じて、５回にわたり土地売買をＹ１との間で行いました。

　なお、Ｙ１の従業員は、Ｘさんとその妻のみが在宅している時のみ来訪し、契約書を他の業者や家族に見せないように言っていました。

　Ｘさんは、Ｙ１とのこれら一連の売買契約は、詐欺や暴利行為で無効などとして、所有権移転登記の抹消登記を求めるとともに、Ｙ１とＹ１の代表取締役であるＹ２に対して、ＸさんがＹ１に支払った代金差額と弁護士費用の計1,914万円と、遅延損害金の支払を求める本件訴訟を提起しました。

▶トラブルの結末◀

　裁判所は、次のように判示し、Ｘさんの請求を全部認めました。

1．Xは、当時、認知能力に既に衰えがあったものと推認されるが、本件各土地の売買契約はわずか5か月に4回にわたり、実質的には順次交換するような形で購入及び売却が繰り返されている。

　　Xにとって本件各土地を購入することに客観的な利点を見出すことはできず、Y1らも各売買契約を誘引してXがこれに応じた理由についてなんら主張しないことを考慮すれば、Y1の従業員らがXに対して転売が容易との虚偽の事実を述べて各売買契約を締結させたのは、社会通念上許容される限度を超えて断定的に虚偽の事実を述べたものというべく、欺罔行為を構成し、一連の行為が全体として詐欺に当たり、不法行為が成立するというべきである。

2．本件各土地の売買契約を締結した行為は、Y1がY1の組織的な営業方針として行っていたものと容易に推認でき、Y1に不法行為が成立するというべきである。

　　Y2は、平成26年当時、Y1の代表取締役であり、従業員らを指揮して上記組織的詐欺行為を行わせていたものと推認され、これを左右するに足りる事情は認められないから、Y2についても不法行為が成立し、共同不法行為となるというのが相当である。

3．Xは、Y1従業員らの欺罔行為がなければ、1,740万円を交付することがなかったということができるから、Y1らの不法行為に基づき同額の損害を被ったということができる。また、本件訴訟提起に関するXの弁護士費用についても、Y1らの不法行為と相当因果関係のある損害と認める。

　　本件土地4と本件土地6には、所有権移転登記がされているが、各売買契約は、Xの取消しの意思表示により取り消されたことから、Xは、Y1に対し、上記各所有権移転登記の抹消登記手続を求めることができる。

トラブルから学ぶこと

　本件は高齢者に山林等を客観的価値からかけ離れた金額で繰り返し売買させ、交換差金等を請求する典型的な原野商法の事例です。原野商法については、行政等から注意喚起が行われていますが、被害は後を絶ちませんので、消費者としては、慎重な対応が重要です。

　平成29年6月施行の改正消費者契約法では、消費者が意思表示を取り消すことができる重要事項の範囲が拡大される（第4条第5項関係）など、詐欺的被害にあった消費者が契約の取消しを行いやすくなりました。

（参考裁判例：平成28年11月29日さいたま地裁判決）

33 合意書を締結していたのに、売主が別の者に売却した。

<責任の主体：売主（売買）>
<請求の根拠：売買契約に基づく所有権移転登記手続>

　当社は、不動産を購入しようとして、売主と合意書を締結していましたが、売主は別の者に売却してしまいました。売買契約は成立しているので、売主に所有権移転登記を請求しています。

（X社、法人）

●苦情の内容●

　売主Yは、保有する不動産（本件不動産）を第三者に売却し、そのリースバックを受けることを希望していました。

　買主X社は、平成25年初めから、Y側との交渉を重ね、平成25年12月、X社とYは、以下の内容の合意書（本件合意書）を締結しました。

・想定賃料を前提に本件不動産の取得価額は、325億円以上と記載されている。

・所有権移転の時期と代金決済日についての定めはない。

・X社とYの独占交渉権の条項はない。

　なお、Yは、本件不動産の売却について、X社以外の第三者とも並行して交渉していました。

　平成26年1月、X社はYに対し、不動産売買契約（本件売買契約）のドラフトを送付しましたが、平成26年2月、Yは、X社に対し、X社は本件不動産の買主の候補から外れたことを連絡しました。これを受け、X社はYに対し、他の競合先に劣らない提案をするつもりである旨メールで連絡しましたが、結局Yは、X社に対し、X社との協議を打ち切ることを決定した旨の書面を送付しました。

　その後X社は、Yに対し、本件売買契約に基づき本件不動産の所有権移転登記手続を求め、提訴しました。

109

■Yの言い分■

　本件合意書は、今後真摯かつ誠実に協議・交渉をするという旨の基本合意をしたに過ぎず、本件売買契約締結の確定的な意思の合致が書面化されたものではありません。

▶トラブルの結末◀

　裁判所は、次のとおり判示し、X社の請求を棄却しました。

1．本件合意書の条項は、本件合意書別紙に記載された条件を基本として未調整の条件について今後協議・交渉した上で、正式に売買契約を締結することが予定されている内容となっていること、また、非常に高額な売買代金であるにもかかわらず、文言上その金額は確定しているとは読めないこと、所有権移転登記手続の時期等や代金決済日、瑕疵担保責任等についても本件合意書においては定められていないこと等の本件合意書の内容からすると、XとY間において、本件売買契約締結の確定的な意思表示とその合致がなされているとは言い難い。

　加えて、Xは本件合意書を締結した後に平成26年1月のドラフト等を送付して本件売買契約の条件の検討を継続していること、Xは、本件合意書からは独占交渉権条項をあえて外したとし、実際にYはX以外にも本件各不動産の売却先の交渉を続けていたこと、さらに、YがXを本件各不動産の売却先から外したと通知した際に、Xは本件売買契約の不履行を問題とするのではなくY側にとって今後も最善の提案をするとメールで送信していることが認められるところ、これらの双方の対応は本件各不動産の売買契約の内容は定まっておらず同契約は未だ成立していなかったというYの主張に沿うといえる。

2．以上によれば、本件売買契約が成立していることを認めるに足りず、本件売買契約に基づくXの所有権移転登記請求は理由がないから棄却する。

33 合意書を締結していたのに、売主が別の者に売却した。

トラブルから学ぶこと

　本判決では、合意書の締結があったとしても、それをもって売買契約が成立するものではないとされ、実務上の参考になるものと思われます。

　不動産売買の実務においては、契約前に買付証明書、売渡承諾書の授受が行われることがありますが、当事者双方の履行期限等売買の基本的要素についての確定的な合意が欠けている場合には、買付証明書と売渡承諾書の交換だけでは売買契約の確定的意思表示があったとはいえず、売買契約の成立は否定されることもあるので、媒介業者としては、注意が必要です。

（参考裁判例：平成26年12月25日東京地裁判決）

111

第3章

瑕疵担保責任（種類・品質に関する契約不適合責任）に関するトラブル

　不動産取引のトラブルで多く見られるものの一つとして、瑕疵担保責任に関するトラブルがあります。

　具体的には、買主が、売買対象の土地・建物に、「隠れた瑕疵」（買主が知らなかった不具合・欠陥等）があったとして、売主に、損害賠償、契約解除（ただし、契約の目的を達成できない場合）といった責任が追及されるトラブルです。

　「瑕疵」とは、売買対象の土地・建物が備えるべき性質を有していないことであり、判断に当たっては、契約の内容（取引通念を含む。）を踏まえて当該土地・建物が有すべき性質を確定した上で、引き渡された土地・建物が有すべき性質に適合しているか否かについて、客観的・規範的判断を行う、とされてきました。

　また、「隠れた」とは、契約締結当時、買主が瑕疵の存在を知らず、知らないことに過失がないこと、とされてきました。

　さらに、民法では、「買主が瑕疵の事実を知った時」から1年以内に、損害賠償、契約解除の請求を行うことが必要とされ（なお、引渡し時から10年で時効）、宅建業法では、宅建業者が売主の場合には、「引渡し時」から2年以上とする特約以外の買主に不利になる特約は、無効とされています。

　いずれにしても、「隠れた瑕疵」の有無の判断については、最終的には、個別具体的な諸事情を総合的に勘案して判断しなければならないわけですが、その際、最も参考になるのは、裁判所の判断です。

　本章では、近年の裁判例から、典型的な事例を選び、掲載していますが、宅建業者、売主、買主等にあっては、トラブルの未然防止や円滑な解決を図るため、裁判所の判断も踏まえつつ、内容を理解した上で売買契約を結ぶとともに、トラブルが発生した場合には、適切に対応することが重要です。

また、平成28年の宅建業法の改正では、「建物状況調査（インスペクション）」（既存住宅の基礎、外壁等の部位ごとにひび割れ、雨漏り等の劣化事象・不具合事象の有無について、目視、計測等によって調査するもの）が位置づけられましたが、事前に建物状況調査を行った上で、売買契約を結ぶことは、後々の「隠れた瑕疵」をめぐるトラブルを予防に資するものであり、その活用が望まれます。

　なお、民法の債権関係の法改正（令和2年（2020年）4月施行）で、これまでの「瑕疵担保責任」は、一般的な債務不履行責任の一種としての「種類・品質に関する契約不適合責任」に変更されます。

　具体的には、種類・品質に関する契約不適合責任については、「隠れた瑕疵」という要件でなく、対象となる土地・建物が種類・品質に関して「契約の内容に適合しない」という要件になります。ただし、これまでも、「瑕疵」については、契約の内容を踏まえて判断されてきますので、これまでの判断と大きく変わらないのではないか、というのが有力な考え方です。

　また、責任追及の手段としては、瑕疵担保責任では、基本的に、損害賠償、契約解除でしたが、種類・品質に関する契約不適合責任では、損害賠償、契約解除に加え、追完請求（修補・代替物引渡し請求）、代金減額請求が認められるようになりました。なお、損害賠償については、売主の責めに帰すべき事情が必要となります。

　さらに、民法では、「買主が不適合を知った時」から、1年以内に売主に通知することが必要とされ（なお、引渡し時から10年で時効）、宅建業法では、宅建業者が売主の場合には、「引渡し時」から2年以上とする特約以外の買主に不利になる特約は、無効とされます。

　加えて、損害賠償の対象については、瑕疵担保責任では、基本的には、信頼利益（瑕疵を知らなかったことによって買主が被った損害）にとどまり、履行利益（本来の履行がなされていれば得られていたであろう利益。典型的なものとして、転売利益）までは認められないと解されてきましたが、種類・品質に関する契約不適合責任は、債務不履行責任の一種なので、基本的には、履行利益まで含まれると考えられています。

　以上のように、「瑕疵担保責任」と「種類・品質に関する契約不適合責任」では、要件・効果に差異も見られますが、特に、「隠れた瑕疵」と「契約の内容に適合しない」とは、大きく変わらないという有力な考え方がありますので、これまでの瑕疵担保責任に関する裁判例も、引き続き、参考となるものであるといえるでしょう。

34 購入した土地が軟弱地盤であり、土地改良工事費を売主に請求したい。

＜責任の主体：売主（売買）＞
＜請求の根拠：瑕疵担保責任に基づく損害賠償請求＞

> 私は、宅地造成された分譲地を購入したのですが、地盤が軟弱であったため建物を建てるには、地盤改良工事が必要となりました。売主に、土地改良工事費用を請求しています。
>
> （Ｘ氏　41才　会社員）

●苦情の内容●

　Ｘさんは、平成16年12月、県の公社である売主Ｙから、団地内の分譲地１区画を2,226万円で購入しました。売買に先立ちＹがＸさんに配布したパンフレットには「造成地のため地盤調査後、地盤改良が必要となる場合があります」との記載がありましたが、重要事項説明書にはその旨の記載はありませんでした。

　平成18年８月、Ｘさんは地耐力調査により地盤が軟弱であることが判明したため、湿式柱状改良工法による地盤改良工事を行った上で住宅を建築しました。

　ＸさんはＹに対し、「本件土地は調整池を埋め立てたもので地盤が軟弱であることを説明しなかったのだから、重要事項の説明義務違反がある。高度な地盤改良をしなければ建物が安全に建たないことは瑕疵であり、Ｙは瑕疵担保責任を負う。」として、地盤改良工事費用252万円等の支払いを求め提訴しました。

　一審は、「Ｙ担当者は、パンフレットの記載について読み上げ説明をしており、地盤改良が必要となる可能性につき必要な情報提供をしていた。買主は軟弱地の可能性があることを甘受して本件土地を購入しており、より高度なDIP工法ではなく湿式柱状改良工法による地盤改良でも不具合は生じていないから、本件土地の地盤強度は買主の想定範囲内にあった。」などとして、Ｘさんの請求を棄却したので、Ｘさんが控訴しました。

■売主Yの言い分■

　知り得た事項について、パンフレットに記載し告知しているのでこちらには説明義務違反はないと考えています。湿式柱状改良工法は一般に用いられている基礎の構造方法であって、その採用が必要であることをもって直ちに本件土地に瑕疵があるとは言えません。地盤の強度に不安を感じたのであれば、当方に確認するか自身で調査等をすべきなのに、しなかったのはXさん側の過失ではないですか。

▶トラブルの結末◀

　裁判所は、次のように判示し、Xさんの請求を認めました。

1．スウェーデン式サウンディング試験方式による地盤の調査によれば、本件地盤は、土地の特に砂質土の部分に、自沈ないし無回転といった支持力ゼロの箇所が、垂直方向にも水平方向にも相当程度の厚さと広さで広がっており、不同沈下等が発生する可能性が高いことから、一般的な木造2階建住宅の建築においても湿式柱状改良工法で地盤改良を行なう必要があったと認められる。また、地盤が軟弱である可能性等を勘案して、一定の減額がなされたような形跡は窺うことができない。従って、本件土地は、地盤改良を要するという瑕疵があったというべきである。

2．Yのパンフレットの記載は簡単なものであって、地盤改良の必要性が高いことを窺わせる具体的記載はないし、地盤改良が必要となった場合の費用は買主負担となるから、販売価格が低額になっている旨や瑕疵担保請求権の放棄を意味する旨の記載もない。従って、Xに本件記載につき十分留意しなかった面はあるものの、その記載自体、本件土地に地盤改良工事を要するような瑕疵があることを明示するものではないことから、Xに、本件土地に地盤改良を要するような瑕疵があることを知らなかったことに過失があるとはいえない。

3．以上より、本件土地にはその性状に隠れた瑕疵があるというのが相当であり、Yは瑕疵担保責任に基づく損害賠償として、Xに対し、本件工事費用252万円、遅延損害金の支払義務がある。

34 購入した土地が軟弱地盤であり、土地改良工事費を売主に請求したい。

トラブルから学ぶこと

　本事例のように、軟弱地盤であることを説明しなかったとして、後で工事費用を請求されるなど、トラブルになることがあります。

　地盤の状況がわからず、軟弱地盤である可能性がある場合には、少なくとも、地盤改良の必要性等について買主に説明を行い、了解をもらっておく必要があります。

（参考裁判例：平成22年1月20日名古屋高裁判決）

| 35 | リフォーム済みで購入した中古住宅から、シロアリの被害が発見された。 |

<責任の主体：売主業者（売買）>
<請求の根拠：瑕疵担保責任に基づく修補請求>

　私は、媒介業者を介して、不動産会社からリフォーム済み築21年の中古住宅を買いました。築年数が古いということから現状有姿売買となりましたが、購入後床下を調べてみるとシロアリの被害が判明しました。売主に修復を求めましたが、対応してくれません。

（X氏　40才　会社員）

●苦情の内容●

　Xさんは、宅建業者Aを介して、宅建業者Yの所有する築21年の土地付戸建住宅（以下「本件建物」）を購入しました。Yより建物の築年数が古いので現状有姿売買としてほしい旨の依頼を受け、了解しました。引渡し後、1階和室の幅木に虫喰いがあることに気付き床下を確認したところ、土台がシロアリの被害にあっていることが判明しました。Xさんは、専門業者による駆除を行った上で、Yに対して、瑕疵担保責任に基づく損害賠償として、1,860万円を請求しました。

■Yの言い分■

　競売物件を購入し、リフォームして売却しましたが、裁判所の調査資料にもシロアリ被害をうかがわせる記載がなかったため、建物の土台は見ておらず、シロアリには気付きませんでした。Xさんには現状有姿売買の了解をいただいています。築21年の中古住宅ですからそれなりの経年変化や劣化があり、同年数の建物と比較すれば通常の品質で、隠れたる瑕疵にはあたらないと考えます。

▶トラブルの結末◀

裁判所は、次のように判示し、Ｘさんの請求を一部認めました。

1. 契約時すでに本件建物の土台はシロアリに侵食され、居住用建物としては欠陥（以下「本件欠陥」）を有していたと認められる。

2. Ｘが契約時に本件欠陥を知らなかったことに過失はない。取引通念上、目的物たる建物は安全に居住することが可能であることが要求され、本件建物が21年を経過した中古建物であり、現状有姿売買とされていたことを考慮しても、本件欠陥に関しては隠れたる瑕疵といわざるをえず、Ｙには瑕疵担保責任が認められる。

3. 以上から、補修費として500万円、引っ越し費用・家賃等として、218万円余の計718万円余の請求を認容する。

トラブルから学ぶこと

中古住宅の売買においては、現状有姿売買であっても、取引通念上、建物で安全に居住できる性能をもっていないと瑕疵があるとされるおそれがあります。

特に、売主が宅建業者である場合には、宅建業法40条により、特約で瑕疵担保責任の免責を受けることはできず、隠れたる瑕疵について責任を負う点に注意が必要です。

（参考裁判例：平成18年１月20日東京地裁判決）

| 36 | 現状有姿で土地建物を購入したが、漏水や内装の汚損がひどく、売主に改修工事費用を請求したい。 |

<責任の主体：売主（売買）>
<瑕疵担保責任に基づく損害賠償請求>

　私は、外国人向けにゲストハウス（寄宿舎）として賃貸中の物件を現状有姿で購入しましたが、漏水やカビの被害、入居者による汚れ等がひどく、売主に改修工事費用等を請求しています。

（X氏　65才　不動産賃貸業）

●苦情の内容●

　Xさんは、平成24年2月28日、Y所有の土地建物を代金1億1350万円で買い受けました。本件売買契約書には、売主は本物件を現状有姿のまま買主に売り渡すとする特約がありました。

　本件建物は、外国人留学生らのゲストハウス（寄宿舎）として賃貸されており、Xさんは、本件売買契約の締結に際し、Yと、次の約定を含む管理運営委託契約を締結しました。「①Yは、入居者募集、入居者の管理等に関する業務を行う。②Yは、Xさんに対し本件建物の使用料（賃料保証）として1か月80万円を支払う。③本件管理委託契約が解除された場合、Yは、賃貸人退出と原状回復、清掃費用を負担する。」

　Xさんは、購入に先立ち、Yの取締役の立会の下、本件建物の外観を見ましたが、各部屋は、留学生らが借りており、内覧はしませんでした。

　Yは、本件管理委託契約に基づく使用料240万円（3か月分相当）を支払わず、本件管理委託契約は、平成24年8月末をもって解除され、本件管理委託契約の終了後、Xさんは、賃借人である留学生らを退去させ、屋上からの雨漏りによる床や壁のカビの被害その他の瑕疵の改修工事、原状回復工事、清掃等を実施しました。

　Xさんは、Yに対して、瑕疵修補、原状回復工事等の損害賠償990万円の支払を求める裁判を提起しました。

36 現状有姿で土地建物を購入したが、漏水や内装の汚損がひどく、売主に改修工事費用を請求したい。

■Yの言い分■

　Xさんの指摘する瑕疵は、通常人が普通の注意をすれば発見できたものです。Xさんは、自らの判断で内覧をせずに売買契約を締結したのであり、当社は、Xさんによる内覧を拒否したこともありません。

▶トラブルの結末◀

　裁判所は、次のように判示し、Xさんの請求を一部認めました。

1. YがXに対し本件建物の内覧を妨害したと認めるに足りる証拠はない。Yは、内覧をしても判明し得なかったような瑕疵については責任を負うが、外観、内観上の汚れ、カビ、破損等についてまで損害賠償責任を負うものと解することはできない。
2. 屋上部分の防水の欠陥等については、その位置や状況、性質等に照らし、内覧によっても直ちに発見、確認することは困難であると推認されるものであること等から、Yにおいて瑕疵担保責任を負うと解するのが相当である。
3. 隠れた瑕疵および原状回復によるXの損害は、697万円余とすることが相当である。

> ## トラブルから学ぶこと
> 　買主による取引物件の内覧は、買主にとって、売主との後々のトラブルを回避するために重要なものですが、売主にとっても内覧の際に買主に明示した瑕疵については、基本的には、瑕疵担保責任を負うことはなくなることから、有意義なものです。

（参考裁判例：平成26年7月16日東京地裁判決）

37 買った建物に消防法違反があり、補修を余儀なくされた。

<責任の主体：売主、媒介業者（売買）>
<請求の根拠：瑕疵担保責任、説明義務違反に基づく損害賠償請求>

私の購入した建物に消防法違反があったため、補修工事を余儀なくされ、損害を受けました。売主と媒介業者に責任をとってほしいのですが。

（X社　63才　会社役員）

●苦情の内容●

　昇降機の保守等を目的とする株式会社Xは、平成19年2月、宅建業者Y2の媒介で、売主Y1（カバン等の卸・小売業等を目的とする株式会社）から本件土地建物を1億9,500万円で購入し、翌月引渡しを受けました。

　同年7月頃、Xが内装工事をするため、内装工事業者Aを通じて消防署に問い合わせたところ、Y1は、平成15年9月に本件建物に対する消防署の立入検査で、「屋内消火栓の不設置と地下1階駐車場の特殊消火設備の不設置（以下「本件違反事実」という。）の指摘を受けていたこと、同年10月に本件違反事実の改善書を消防署に提出したが、実際はこれを是正していなかったことが判明しました。

　売買契約に先立って、Y2は、Xに対して、Y1が平成18年4月に消防署に提出した消防用設備等点検結果報告書（以下「点検報告書」という。）により本件建物に関する消防法違反の瑕疵について説明をしていましたが、点検報告書には本件違反事実は記載されていませんでした。

　Xは本件違反事実の是正のため、消防署指導のもと地下1階駐車場面積を縮小し、一部にシャッターを入れて倉庫に改造する工事を行い、工事費用210万円をAに支払いました。

　Xは、Y1に対しては、売主による瑕疵担保責任に基いて、また、Y2に対しては媒介契約の善管注意義務違反に基いて、工事費用相当額210万円の損害賠償を請求しました。

■売主Ｙ１の言い分■

　本件違反事実があっても建物使用に支障はなく、本件違反事実は瑕疵には当たりません。本件違反事実は媒介業者Ｙ２に口頭で説明しており、買主Ｘに対して説明義務を負うのはＹ２です。当方については、売買契約書の瑕疵担保責任免除の特約で免責されています。

■媒介業者Ｙ２の言い分■

　売主Ｙ１からは点検報告書を受領しただけで、本件違反事実についての説明は受けていません。媒介業者は違反事実を知っていた場合を除いて、消防法違反についての積極的調査義務はないのではないですか。

▶トラブルの結末◀

　裁判所は次のような判断を示し、買主Ｘの売主Ｙ１に対する請求（210万円）を認め、媒介業者Ｙ２に対する請求は棄却しました。

1．本件建物を消防法との関係で適法に使用するためには相応の改修費用が必要であり、Ｘは本件違反事実を過失なく知らなかったのであるから、本件消防法違反は瑕疵担保責任を負うべき隠れたる瑕疵に当たる。

2．Ｙ１は平成15年消防署立入検査により本件消防法違反を知っていたにもかかわらず、その事実を売買契約の締結に際し、Ｘに告知していない。また、Ｙ２に告知したとの主張は経緯等から認められない。したがって、Ｙ１は民法572条により免責特約があっても、瑕疵担保責任を免れることはできない。

3．Ｙ２は善良なる管理者の注意をもって本件売買目的達成のための必要な調査報告義務を負うが、建物に増改築部分・地下駐車場があることをもって消防法違反の存在を想定すべきとはいえないし、Ｙ１からこれ以外書類はないとして点検報告書を受領したことから、消防法違反につき消防署に問い合わせる等の積極的な調査義務があったともいえない。

トラブルから学ぶこと

　売主は、売買契約の締結に際して、隠れた瑕疵を知りながら、買主に対してこのことを告げなかったのであれば、たとえ免責特約があっても瑕疵担保責任を免れません（民法572条）。

　本件では、裁判所は、媒介業者が積極的に消防法違反を調査する義務はないとしていますが、違反を疑うべき事象等があった場合や、調査依頼があった場合には、調査義務が生じますので十分な注意が必要です。また、後々、買主等から調査依頼をしたはずと言われ、トラブルとなることもあるので、交渉記録は残しておくことが望ましいでしょう。

（参考裁判例：平成22年 3 月 3 日大阪地裁判決）

38 中古マンションの購入直後に、給湯器に故障が見つかった。

<責任の主体：売主業者（売買）>
<請求の根拠：瑕疵担保責任に基づく損害賠償請求>

　　私は、中古マンションを購入直後、給湯器が故障していたので、交換工事を発注し、新品に交換しました。売主業者の瑕疵担保責任に基づき、費用等の損害賠償請求をしたいと考えています。

（Ｘ氏　38才　会社員）

●苦情の内容●

　Ｘさんは、媒介業者Ａの媒介で、売主Ｙ（宅建業者）と、築後約32年のマンションの一室を、780万円で購入する売買契約を締結しました。ところが、引渡し後、本件物件内の中古品であった給湯器に、お湯が出ないという不具合があり、当該給湯器を交換する必要があることが発覚しました。

　Ｘさんは本件瑕疵の発覚３日後に、給湯器の交換工事を31万円余で発注し、その３日後に給湯器は新品に交換されました。

　売買契約締結時、ＹはＸに設備表を交付し、当該給湯器については故障・不具合はないと説明していました。また、本件売買契約書には、本件物件の隠れた瑕疵について、買主は瑕疵担保責任として損害賠償請求か瑕疵修復請求ができると約定されていました。

　Ｘさんは、「本件瑕疵の発覚後Ｙが何の対応もしなかったことから、交換費用の支払義務を負わざるを得なかった。Ｙは本件給湯器に故障・不具合はない旨虚偽の記載をした設備表を本件売買契約時に示していたのであるから、Ｙは交換費用の全額を負担すべきである。」と主張して、Ｘさんが負担した新品給湯器への交換工事費用の全額31万円余と本件交換工事が完了するまでの４日間の近隣の入浴施設の利用費用１万円、計32万円余を求めて訴訟を提起しました。

■Yの言い分■

本件給湯器につき瑕疵担保責任を負うことについては認めますが、本件給湯器は中古品であったのだから、賠償金額については中古品の給湯器への交換費用相当額が妥当です。

▶トラブルの結末◀

裁判所は、次のように判示し、Xさんの請求を一部認めました。

1. 本件給湯器は中古品であるから、本件瑕疵と相当因果関係が認められるのは、中古品の給湯器への交換費用相当額に限られるというべきである。

　　また、瑕疵担保責任に基づく損害賠償は、瑕疵と相当因果関係のある損害の賠償責任を認めるものであり、債務者に対する制裁の趣旨で賠償責任を認めるものではないから、Yが虚偽の設備表をXに示したことからXが実際に支払った交換費用をYが負担すべきとの主張は採用できない。

　　中古品の給湯器への交換費用相当額については、中古品販売店数社の見積金額に関する証拠等から16万円余と認めるのが相当である。

2. Xは、本件物件に入居してから本件交換工事が完了するまでのうち4日間本件物件の近くにある入浴施設を利用しており、近隣に他の入浴施設が存在しないことから、X主張の近隣の入浴施設利用費用1万円は、本件瑕疵と相当因果関係のある損害と認められる。

3. 以上により、Xの請求は、本件瑕疵と相当因果関係のある損害と認められる17万円余の支払を求める限度で認容し、その余は理由がないから棄却する。

トラブルから学ぶこと

　中古住宅の売買において、建物引渡し後に、給湯器、温水器、エアコン等の作動不良や、水道・トイレの水漏れ等の瑕疵が発見されることはよくあることであるため、後々のトラブルを回避するためには、売主業者や媒介業者は、契約前に、現地調査や、設備稼働の確認は、行っておく必要があるでしょう。

（参考裁判例：平成26年12月9日東京地裁判決）

39 | 取り壊された建物内で、売買契約の 8年前に殺人事件があった。

＜責任の主体：売主（売買）＞
＜請求の根拠：瑕疵担保責任に基づく損害賠償請求＞

　私は、購入した土地を建売住宅用地として販売することにしていたのですが、その土地に以前にあった建物内で殺人事件があったことがわかり、購入を希望していた顧客からキャンセルをされてしまいました。売主に対して損害賠償を請求したいのですが。

（X氏　45才　不動産業者）

●苦情の内容●

　土地1（約60㎡）と土地2（約100㎡）を所有していた不動産賃貸業者Yは、昭和62年7月に土地1をAに賃貸し、Aは、土地1上にある建物（事務所・居宅）を所有していましたが、平成8年4月、この建物内で女性の刺殺体が発見され、当時そこに居住していたBが容疑者として逮捕される事件が発生しました。

　Aは、平成15年4月から翌16年3月にかけて、この建物をCに使用させ、16年5月にはこれを取り壊して、Yとの間で土地1の賃貸借契約を合意解約しました。

　土地2については、平成13年3月に、YがDに自転車置き場として一時使用する目的で賃貸し、翌年5月に合意解約していました。

　Xさんは、更地になった土地1と土地2を合わせて（以下「本件土地」）等面積に分けて、それぞれ建売住宅を建築して販売する目的で、平成16年11月に、Yから1,503万円で購入しました。

　そして、翌年1月から本件土地の建売住宅用地としての販売広告を行ったところ、10件程度の問合せがあり、そのうち土地1側の部分の購入を一旦決め、買付証明書を作成していた者からキャンセルを受けたことから、警察に照会し、初めて以前に建っていた建物内で殺人事件があったことを知りました。

　その後、Xさんは、殺人事件があったことを知らせずに、本件土地そのも

のを2,500万円で売却することを希望して広告しましたが、売却はできませんでした。

　Xさんは、建物内で殺人事件があった事実は、隠れた瑕疵に当たるとして、Yに損害賠償を請求しました。

■売主Yの言い分■

　殺人事件から今回の売買契約まで、8年半も経過しています。また、殺人事件を実際に見た人が近所にいるわけでもなく、近隣の心理的影響度も高いとは言えません。

　建物は売買契約の前に撤去されており、今回の売買は土地1よりも広い隣地との一体の更地売買です。

　それに、本件土地そのものを購入価格を大幅に上回る金額で売却することを希望して広告していることなどからすれば、Xさんの損害賠償請求に理由がないことは明らかです。

▶トラブルの結末◀

　裁判所は、次のように判示し、本件土地には民法570条にいう「隠れた瑕疵」があり、売主Yには損害賠償義務があるとの判断を示しました。
1．本件は土地1上にかつて存在していた建物内で殺人事件が発生したものであり、女性が胸を刺されるというもので残虐性が大きく、通常一般人の嫌悪の度合いも相当に大きいと考えられる。
2．本件殺人事件は新聞にも報道されており、約8年以上前に発生したものとはいえ、付近住民の記憶に少なからず残っているものと推測され、本件土地1の側を一旦決めた者がその購入を見合わせたことなどの事情に照らせば、本件土地には、その上に建築された建物の居住者が、住み心地が良くなく、居住の用に適さないと感じることに合理性があると認められる程度の嫌悪すべき心理的な欠陥が、なお存在するというべきである。
3．買主の損害額については、殺人事件が約8年以上前に発生したものであり、建物は既に取り壊され、売買契約の時点では嫌悪すべき心理的欠陥は相当に風化していたといえること等の諸事情を総合して、売買代金の5％に相当する75万円余と認めるのが相当である。

トラブルから学ぶこと

　自殺や殺人事件などのいわゆる心理的瑕疵についての裁判例はいくつもありますが、どのような場合に、隠れた瑕疵があるとされるか、隠れた瑕疵がある場合にどの程度の損害額が認められるのか、といった点については、個別事情を踏まえた様々な判断があり、明確な判断基準を示すことは難しいものです。本判決も、1つの事例として参考にすべきでしょう。

（参考裁判例：平成18年12月19日大阪高裁判決）

第4章
建物の賃貸借に関するトラブル

　不動産取引のトラブルで多く見られるものの一つとして、建物の賃貸借に関するトラブルがあります。

　具体的には、建物の貸主と借主の間で、契約・入居・退去の各段階で、様々なトラブルが発生しますが、典型的なものとして、例えば、借主の契約に違反する使用・賃料不払い等を理由とする建物の明渡し請求や、退去時の原状回復費用の負担請求をめぐるトラブルがあります。

　本章では、近年の裁判例から、典型的な事例を選び、掲載していますが、宅建業者（媒介業者）、貸主、借主等にあっては、トラブルの未然防止や円滑な解決を図るため、裁判所の判断も踏まえつつ、内容を理解した上で賃貸借契約を結ぶとともに、トラブルが発生した場合には、適切に対応することが重要です。

40 賃貸借契約に反してペットの飼育を続ける借主に退去を求めたい。

40 賃貸借契約に反してペットの飼育を続ける借主に退去を求めたい。

<責任の主体：借主（賃貸）>
<請求の根拠：債務不履行に基づく建物明渡し請求>

　　私は、本件建物をペット飼育不可として賃貸に出しましたが、借主がフェネックギツネを飼育していることが判明しました。飼育を停止するようお願いしていますが、対応いただけないようです。もはや退去してもらうしかありません。

（X氏　62才　不動産賃貸業）

●相談の内容●

　Xさんは、平成21年5月14日、借主Yと次の条件で賃貸借契約を締結し、同月16日、本件建物を引き渡しました。

　ア　契約期間　平成21年5月17日から平成23年5月16日まで

　イ　賃料　月額金179,000円

　ウ　賃料支払方法　毎月28日限り翌月分を支払う。

　エ　禁止事項

　　　賃借人は、賃貸人の書面による承諾を得ないで、犬、猫等の小動物の飼育または一時的持込み（近隣に迷惑を及ぼすおそれのない観賞用の小鳥、魚等を除く。）をしてはならない。

　オ　契約の解除

　　　賃借人が契約書第の禁止制限事項に違反したときは、賃貸人は通知催告の上、本件賃貸借契約を解除することができる。

　同年6月8日、Yが契約に反してペットを飼育していることが判明し、Xさんと管理会社は、Yにペット飼育の停止を求めましたが、Yは応じませんでした。

　Xさんは、Yに対し、平成21年7月7日到達の内容証明郵便により、賃貸借契約を解除する旨の意思表示をして、同日から30日以内の本件建物明渡しを求めました。

　平成21年8月6日経過後も、Yが本件建物でペットの飼育を継続したた

133

め、Xさんは、本件建物の明渡しを求め、裁判所に訴えました。

■Yの言い分■

ペットといってもフェネックギツネは小型で散歩の必要もありません。しつけもしていますから近所に迷惑をおかけすることはありません。

▶トラブルの結末◀

裁判所は、次のように判示し、Xの訴えを認めました。

1．建物賃貸借契約書に小動物の飼育禁止が明記され、Y自身も、契約時にペット飼育が禁止されている旨告知されていたことを認め、契約違反であるのは確実である。犬猫ではなく散歩の必要もないので大きな問題になることはないと考えてフェネックギツネの飼育を続けたことを自認していたこと、Xの飼育行為停止の要望を聞き入れずに、その後も飼育行為を継続したことなどは、信頼関係が破壊されていたことを窺わせる事情として指摘できる。

2．本件建物の賃借人募集パンフレットには動物飼育禁止の条件は記載されていないが、Yは、契約時に動物飼育禁止を伝えられ、特約を認識しつつ契約書に署名捺印したのであるから、Xや仲介業者に責任転嫁して、本件飼育行為に及んだことを正当化することはできない。

3．本件における問題は、どのような動物であれば室内で飼育しても差し支えないかという点ではなく、動物飼育禁止特約の下で動物を室内で飼育することの可否の点にある。一連のYの行動を全体としてみると、Xの指摘に耳を貸さずに、自己の都合のみを優先させることに終始してきたとみるほかはない。

4．本件においては、Xが解除の意思表示をした時点で、本件賃貸借契約における当事者間の信頼関係が破壊されているというべきである。

トラブルから学ぶこと

　契約違反と「信頼関係の破壊」については多くの裁判例があります。動物飼育禁止特約に違反していながら、飼育している犬が小型犬であり、過去に、犬の鳴き声等により、近隣住民や建物に迷惑や損害を与えたりしたことがない場合は、信頼関係の破壊に至っていないと判断されたものもあります（平成18年３月10日東京地裁）。本判決は１つの事例として参考にすべきでしょう。

（参考裁判例：平成22年２月24日東京地裁判決）

41 騒音がひどいと言って、賃料を一部しか払わないテナントとの契約を解除したい。

<責任の主体：借主（賃貸）>
<請求の根拠：債務不履行に基づく賃料支払請求>

　私の所有するビルの賃借人が、騒音・振動被害を理由に賃料を一部しか支払いません。契約解除の請求をしたいのですが。

（X氏　76才　不動産賃貸業）

●苦情の内容●

　Xさんは、所有するビルの4階部分を居住用としてYに賃貸していました。

　平成20年8月、Xさんはa社との間で、本件ビルの地下1階部分をライブハウスとして使用する目的で賃貸借契約を締結しました。

　Yは、平成21年12月頃、Xさんに対し、本件ライブハウスから騒音や振動が生じて生活に支障を来しているため、本件騒音等が皆無になるよう防音工事等をするよう要望しました。

　その後、a社はXさんの申し入れを受け、防音対策工事を実施し、ライブハウスの営業を午前零時までとしました。また、Xさんは、a社に更なる改善を求めましたが、a社よりこれ以上は応じないとの回答を受けました。

　平成22年8月、YはXさんに対し、賃料を減額して支払う旨を申し入れましたが、Xさんは、一定の賃料減額はやむを得ないとしても、その合意ができるまでは、約定賃料を請求する旨連絡しました。しかし、Yは同年9月分以降、減額した賃料しか支払いませんでした。

　平成24年3月、XさんはYに対し、未払期間中等の賃料を一部減額することを提案し協議を行いましたが、合意できませんでした。

　平成25年2月と3月、Xさんが行った騒音等の測定結果では、「東京都環境確保条例」で規制する基準を超えていました。

　Xさんは、Yに対し、同年6月時点で未払賃料が1,000万円超に達したとして、2度にわたり支払催促をした後、契約解除、未払賃料の支払を求めて提訴しました。

■Yの言い分■

自分は、ライブハウスの騒音等で被害を被っており、その慰謝料と未払賃料は相殺されるから、Xさんによる本件賃貸借契約の解除は無効です。

▶トラブルの結末◀

裁判所は、次のように判示して、Xさんの請求を認めました。

1. Yは、本件賃貸借契約締結後、本件建物での生活を継続していたのであるから、本件建物の使用収益の対価である賃料の支払義務を免れない。また、本件建物での生活に当たり、本件ライブハウスから受忍限度を超える騒音等の被害を受けたとしても、賃貸人であるXとの間で賃料額について新たに合意したものといえるような事情のない限り、本件賃貸借契約上の賃料は当然に減額されるものということはできない。このことは、本件騒音等問題についてXに何らかの義務違反があったとしても、直ちには影響されない。

   したがって、XがYに対して本件賃貸借契約の解除の意思表示をした平成25年7月当時、Yには1,048万円余の未払賃料債務が生じていたから、Yの債務不履行は明らかであり、Xの解除の意思表示は有効である。

2. 他方、Xは、本件建物の賃貸人としてYに対し、本件建物を契約の本旨に従った利用をさせる義務があり、結果的に本件騒音問題等を解決することができなかったことは、Yに対して精神的苦痛を与え、不法行為責任を免れないというべきである。

   慰謝料額の算出に際しては、Yについて、本件騒音等に曝されて心身に相応の負担のあったこと等が考慮されるべきであり、他方で、Xも、a社に配慮を求めたほか、Yとの交渉過程で一定の譲歩を示すなど、Yに対して相応の配慮をしていたことも否定できないことを総合的に考慮し、Xが賠償すべきYの慰謝料額は、200万円が相当というべきである。

3. よって、Xの未払賃料の請求は、1,048万円余と遅延損害金から200万円相殺した残余について認容される。

トラブルから学ぶこと

　本判決は、賃借人が受忍限度を超える騒音に曝されていたとし、不法行為責任により慰謝料請求の一部は認められましたが、未払賃料と賃借人主張の慰謝料との相殺は認められず、賃貸人による契約解除請求が認容された事例です。

　賃料の見直しについては、騒音等の発生という事態があった場合でも、借主と貸主との合意が必要といえるでしょう。

（参考裁判例：平成26年9月2日東京地裁判決）

42 保証会社から家賃の代位弁済は受けているが、自ら家賃を払わない賃借人に対し建物明渡を請求したい。

<責任の主体：借主（賃貸）>
<債務不履行に基づく建物明渡し請求>

> 私の所有する貸家の賃借人の賃料滞納が常態化しています。保証会社から
> 代位弁済は受けていますが、建物の明け渡しを求めたいと考えています。
>
> （X氏　65才　不動産賃貸業）

●苦情の内容●

　Xさんは、平成23年12月、賃借人Yと、賃料月額7万円余等とする賃貸借契約を締結しました。また、同月、賃料保証会社Zは、Yと、本件賃貸借契約に基づくYの債務について保証することをZに委託する契約を締結し、Xさんとの間で、本件賃貸借契約に基づくYの債務について保証する契約を締結しました。

　Yは、平成24年2月以降、賃料等の滞納を繰り返し、賃料等の滞納が常態化しました。

　Xさんは、再三の催告にもかかわらず、Yが、平成24年4月分から同年8月分の賃料等を支払わないことから、同年9月13日送達の訴状をもって本件賃貸借契約を解除する旨の通知をしました。その後も、Yは賃料等を滞納し、支払催促に対しては、連帯保証人であるAに請求するように求め、自ら賃料等を支払おうとしませんでした。

　Xさんは、Yに対し、本件賃貸借契約の信頼関係は破壊されているとして、建物の明渡しを求め、Zは、本件保証委託契約に基づき代位弁済した39万円と保証事務手数料5,000円の支払を求めました。

■Yの言い分■

　Zが、代位弁済しているから賃料等の不払はないはずです。また、パニック障害に罹患し、Aに対応を一任していたのに、Aが適切な対応をしなかったことが滞納の原因であり、パニック障害に罹患していなければ賃料等を支

払っていたのだから、信頼関係は破壊されてはいません。

▶トラブルの結末◀

　裁判所は、次のように判示し、Ｘさんの本件建物明渡請求、Ｚの代位弁済金、保証事務手数料の支払請求を認めました。

1．本件賃貸借契約では、賃借人が賃料等の支払を２か月以上滞納すれば、賃貸人は契約を解除することができるところ、Ｙは、平成24年４月から平成25年３月分までの賃料等を支払っていないことが認められる。よって、Ｘは本件賃貸借契約を解除することができる。

　　Ｙは、Ｚが代位弁済しているから、Ｙに賃料等の不払はないと主張する。賃貸借保証委託契約は、賃借人が賃料の支払を怠った場合に、保証会社が保証限度額内で賃貸人にこれを支払うこととするものであり、これにより、賃貸人には安定確実な賃料収受を可能とし、賃借人も容易に賃借が可能になるものであると考えられる。

　　しかし、保証会社の保証はあくまでも保証委託契約に基づく保証の履行であって、これにより、賃借人の賃料の不払という事実に消長を来すものではなく、これによる賃貸借契約の解除原因事実の発生という事態を妨げるものではないことは明らかである。

　　平成24年９月13日、ＸからＹに対し、未払賃料等の支払催告がされたと解することができ、Ｘは、口頭弁論期日において、本件賃貸借契約解除の意思表示をしたことが認められ、Ｘさんによる賃料等の不払を理由とする本件賃貸借契約解除の意思表示は有効である。

2．ＹがＸに対する賃料等の支払を怠っていることからすると、ＸとＹとの信頼関係は破壊されているものと認めるのが相当である。Ｙがパニック障害に罹患していることが認められるが、Ｙは、少なくとも平成24年４月分以降賃料等を支払っていないのであるから、Ｘによる本件賃貸借契約の解除が一方的であるとは認められない。

42 保証会社から家賃の代位弁済は受けているが、自ら家賃を払わない賃借人に対し建物明渡を請求したい。

トラブルから学ぶこと

　保証会社の代位弁済と信頼関係の破壊の関係については、これを認めない裁判例もありますが、本件のようにこれを認めるもの（ほかに、平成23年1月25日東京地裁判決、平成22年8月6日東京地裁判決等）もあります。本判決は1つの事例として参考にすべきでしょう。

（参考裁判例：平成25年11月22日大阪高裁判決）

43 | 実際の床面積が契約面積より狭いとして、テナントが一方的に家賃を減額してきた。

<責任の主体：借主（賃貸）>
<請求の根拠：借地借家法の正当事由に関する建物の明渡し請求>

私の所有する事務所ビルの１室を借りている賃借人が、契約上の床面積より実際面積が狭い等を理由として、一方的に賃料等を減額してきました。建物賃貸借契約を解除し、事務所の明渡し、未払賃料等の支払を求めています。

（Ｘ氏　55才　不動産賃貸業）

●苦情の内容●

平成11年６月、８階建の事務所ビル（本件ビル）の２階部分につき、賃借人Ｙは賃貸人であるＸさんとの間で下記条件により、賃貸借契約（本件賃貸借契約）を締結しました。

①貸室：本件ビル８階建のうち２階46.31坪（共用部分含む）
②賃貸期間：平成11年６月１日から３年間（その後更新）
③賃料：月額50万9,410円（＠1.1万円／坪）
④管理費：月額11万5,775円
⑤冷暖房機使用料：月額２万5,000円。

平成25年12月ごろ、本件ビルの３階部分について、Ｘさんが「①貸室：坪数39坪、基準階坪数：46.31坪②賃料：月額39万円（＠１万円／坪）、③管理費は賃料に含む」との条件で賃借人を募集したことを知り、Ｙが賃借する２階部分と同じ面積なのに賃料が異なる上、管理費や冷暖房機使用料を別途徴収しない等の条件の相違に不満を持ったＹは、平成26年４月、Ｘさんに対し、同月以降は月額賃料39万円（税別）及び電気使用料等のみを支払い、その余の支払は拒絶すると通知し、同月以降は賃料等を一方的に減額して支払いました。

同年９月、ＸさんはＹに対し、賃料の一部未払いを理由に契約解除の通知を行い、建物の明渡し、未払い賃料等の支払いを求める訴訟を提起しました。

43 実際の床面積が契約面積より狭いとして、テナントが一方的に家賃を減額してきた。

■Yの言い分■

　契約上の床面積と登記上の床面積の差額は錯誤により無効、もしくは本件賃貸借契約は数量指示賃貸であり、賃貸人は、実際面積との差額賃料分等を不当に得ています。

▶トラブルの結末◀

　裁判所は、次の通り判示し、Ｘさんの請求を全て認めました。

1．　ＡまたはＸが、賃貸借契約締結時に、Ｙに対して、専用部分のみで46.31坪の面積があることを示していたかどうかは明らかでない。また、平成17年以降の各更新契約時に作成された賃貸借契約書には、共用部分を含めて賃借面積が46.31坪であることが明記されており、そもそもＹが、本件ビル２階の専用部分だけで46.31坪の床面積があると誤信してこれらの賃貸借契約を締結したとは認められないことから、Ｙ主張の錯誤があったとはいえない。

　　さらに、賃貸借契約書で示された床面積46.31坪は、目的物が実際に有する面積を確保するために賃貸人が示したものとも、また、専用部分のみで上記面積があることを表示したものともいえないことから、本件賃貸借契約は、Ｙが主張する「数量を指示して」なされた賃貸借契約とはいえず、現にオフィスとして使用できない部分を付加したグロス面積を契約面積に含めた賃貸借契約も存在することから、共用部分を契約面積に含めることが許されないとはいえない。

2．　管理費や冷暖房機使用料に関しては、Ｙがその支払義務を負うことが賃貸借契約書に明記されている以上、Ｙが支払義務を負う。

　　Ｙは、本件ビル３階部分の当時の募集条件との比較において、本件賃貸借契約における賃料額が不当であり、管理費及び冷暖房機使用料の支払義務には根拠がないと主張するようであるが、本件ビルの他の貸室と条件が異なることのみをもって、賃料等の支払義務を免れる根拠となるものではなく、また、Ｙは平成11年６月１日から継続的に本件建物を賃借しているのであるから、両者の契約条件を単純に比較して本件賃貸借契約における賃借条件の不当性を指摘する点でも相当とはいえない。

3．　Ｙは、平成26年４月から同年８月まで、賃借人としての基本的義務であ

る賃料等の支払の一部を履行しないと明確に告げて支払いを行わず、同年
9月以降も同様の一部不履行を継続することが予測される状況にあったこ
とから、YにはXが催告なく本件賃貸借契約を解除できる背信性があると
いうべきである。よって、X請求のYに対する建物の明渡し、未払賃料等
の支払を認容する。

トラブルから学ぶこと

　本判決では、継続的に賃借している場合は、他の貸室と条件が異なる
ことのみでは支払い義務を免れるとはいえないとされ、賃料の一方的な
不払いは、全額でなくとも信頼関係の破壊とみなされるとされており、
実務において参考になるものです。

（参考裁判例：平成27年11月2日東京地裁判決）

> 44 耐震改修を行いたいが、テナントが出ていってくれない。

44 耐震改修を行いたいが、テナントが 出ていってくれない。

<責任の主体：借主（賃貸）>
<請求の根拠：借地借家法の正当事由に関する建物の明渡し請求>

　私の所有するビルは、特定緊急輸送道路に接しているにもかかわらず、朽廃化しているため、取り壊しをしたいのですが、テナントが退去を拒否しています。

（Ｘ氏　55才　不動産賃貸業）

●苦情の内容●

　Ｘさんは、昭和53年５月、借主Ｙと、10階建ての本件建物の一部について期間２年で賃貸借契約を締結し、Ｙは店舗として使用を開始、その後、更新が繰り返されていました。

　本件建物が接する甲通りは、平成23年６月に「東京における緊急輸送道路沿道建築物の耐震化を推進する条例」（以下「本条例」という。）の特定緊急輸送道路に指定されました。本条例は、沿道建築物の所有者に、耐震化および必要な耐震改修等を実施する努力義務を課しています。

　Ｘさんは、平成24年１月から７月にかけて本件建物の耐震診断を行い、その結果は「倒壊又は崩壊する危険性が高い」というものでした。

　Ｘさんは、本件建物は築後43年経過し、朽廃したものであるなどとして、立退料1,000万円の支払を条件に、Ｙに対し賃貸借契約の解約と建物明渡しを求めて提訴しました。

■Ｙの言い分■

　本件建物の耐震性に問題があるとしても、特段支障が生じていたり、具体的な危険を感じることはありません。また、本件解約申入れの正当事由となる立退料の適正な額は、鑑定人によって算定された移転補償額5,100万円です。

▶トラブルの結末◀

　裁判所は、次のように判示して、相当額の立退料支払いを条件にXさんの明渡し請求を認めました。

1．耐震診断によれば、本件建物は、地震の振動および衝撃に対して倒壊または倒壊する危険が高いとされていることが認められ、区役所からも耐震改修等の実施勧告等を受けていること、耐震改修では建物の使用勝手が著しく悪くなり、工事費用も2億円余が見込まれるなど、社会経済的な観点からは建て替える必要性が高いことなどに加え、Xが、Yに立退料の提供を主張している事情を考慮すれば、解約申入れについて、借地借家法28条所定の正当事由を認めることができる。

2．立退料の鑑定において、①本件建物は、本条例の特定沿道建築物に当たり、耐震化は地震により倒壊して緊急輸送道路を閉鎖することを防止するという公益目的から要請されるものであること、②耐震改修等の実施義務が努力義務であることを考慮しても、本件建物の耐震性能が不足し、耐震改修等が必要であること等について、全く考慮しないのは相当でない。Xが私的利益確保のための明渡しを求める場合と同一視はできず、衡平の見地から、本件建物の取壊しによって生じるYの損失をXだけに負担させるのは相当でない。

3．具体的には、移転補償額としては、Yが当分の間は本件建物部分を使用することが可能であること、XはYからの明渡しを早期に受けることにより、東京都の建物建替えの助成制度を利用できる可能性があることを考慮して、鑑定のとおり、賃料差額を1,344万円（補償期間24か月）、一時金運用益を32万円余と認めるが、Yの新規契約に関する手数料等および移転費用等については、鑑定での各金額の1／2の1,860万円余と認め、移転補償額を合計3,237万円余とするのが相当であり、同額を解約申入れの正当事由を補完する立退料として採用することが相当である。

トラブルから学ぶこと

　判決では、立退料の算定において、地震による倒壊で特定緊急輸送道路を閉鎖しないとする公益目的等が考慮されており、同様の沿道建築物の立退き交渉においても参考となると思われます。

　なお、特定沿道建築物の耐震化については、地方公共団体のサイトでその取組状況等が掲載されています。

（参考裁判例：平成26年12月19日東京地裁判決）

| 45 | 賃貸マンションの退去時に、通常損耗を含む原状回復工事費用を請求された。 |

＜責任の主体：貸主（賃貸）＞
＜請求の根拠：賃貸借契約に基づく敷金返還請求等＞

　私は、約5年半住んでいた賃貸マンションをこのたび退去しましたが、特約に基づくとして、賃貸人から原状回復費用を請求されています。契約書を見ても原状回復の範囲がよくわからず、そもそも、賃貸人の担当者から原状回復に関する説明もありませんでした。特約は有効とはいえないのではないでしょうか。

（X氏　35才　自営業）

●苦情の内容●

　平成9年9月、Xさんは、賃貸人Yとの間で、期間2年、月額賃料（共益費込み）13万8,100円、敷金39万300円の条件で、賃貸借契約を締結しました。

　賃貸借契約においては、原状回復特約として、「修繕等負担区分表」に基づき、賃借人の故意または過失による損傷に加え、賃借入の故意または過失に関係ない経年劣化や通常損耗までに賃借人に原状回復費用を負担させる特約が定められていました。

　何回かの更新を経て、平成15年1月に本件賃貸借契約は終了し、Xさんは、Yに本件建物を明け渡しました。

　Yは、Xさんに返還すべき敷金額から原状回復特約でXさん負担と定められた原状回復費用を控除したところ、Xさんは原状回復特約の無効を主張して、未返還の敷金の返還を請求する訴えを提起しました。

■Yの言い分■

　賃貸借契約上、特約として経年劣化や通常損耗まで賃借人に原状回復費用を負担させる旨明記しているので、何も問題はありません。

▶トラブルの結末◀

裁判所は、次のように判示し、Ｘさんの請求を認めました。

1．賃借人の故意や過失に基づかない経年劣化や通常損耗について、賃借人に原状回復費用を負担させる特約が成立したといえるためには、賃借人がその趣旨を十分に理解し、自由な意思に基づいてこれに同意したことが積極的に認定されることが必要である。

2．本件原状回復特約においては、賃借人の退去時の原状回復義務の本来の範囲はどこまでであり、これを特約によってどのように変更したかについて、通常人が特約の文言上容易に認識することができるということができず、また、本件において、Ｙの担当者がＸに十分説明したことも認められない。

3．よって、本件特約は、Ｘがその趣旨を十分に理解し、自由な意思に基づいてこれに同意したことが積極的に認定されるとはいえず、本件原状回復特約がＸ—Ｙ間で成立したとは認められない。

トラブルから学ぶこと

　国土交通省で作成した「原状回復をめぐるトラブルとガイドライン（再改定版）」（平成23年８月）では、賃借人に特別の負担を課す特約の要件として、以下の３つを挙げています。

①　特約の必要性があり、かつ、暴利的でないなどの客観的、合理的理由が存在すること。

②　賃借人が特約によって通常の原状回復義務を超えた修繕等の義務を負うことについて認識していること。

③　賃借人が特約による義務負担の意思表示をしていること。

　本判決は、国土交通省のガイドラインにも沿ったものであり、実務上参考になるものです。

（参考裁判例：平成16年９月９日神戸地裁）

46 | 賃貸人自身が退去時のハウスクリーニングを実施しているのに、その費用を負担させられた。

<責任の主体：貸主（賃貸）>
<賃貸借契約に基づく敷金返還請求>

　私は、このたび賃貸アパートを退去しましたが、特約に基づいてハウスクリーニング費用を敷金から差引かれました。しかし、賃貸人は、ハウスクリーニングを専門業者に依頼せず、自ら行っているので、当該費用を返してもらいたいのですが。

（X氏　45才　会社員）

●苦情の内容●

　Xさんは、平成23年9月、賃貸人Yとの間で、賃料：月額45,000円、敷金：45,000円の約定で、賃貸借契約を締結しました。なお、賃借人の退去後に賃貸人が専門業者に委託して行ったクリーニング費用は賃借人負担とする特約（以下「本件清掃費用負担特約」という。）がありました。

　平成24年4月1日、Xさんは、Yに鍵を返却して建物を明け渡しました。Yは、預託を受けた敷金45,000円からクリーニング費用21,000円を控除した残額をXさんに返還しました。

　Xさんは、退去にあたり清掃を行っており、清掃が必要な状態ではなく、また、本件清掃費用負担特約は、清掃が専門業者によって行われた場合を前提としており、Yは、専門業者に清掃を委託したわけではないから、クリーニング費用を賃借人負担とすることはできないと主張し、クリーニング費用の返還等を求めました。

■Yの言い分■

　Xさんは約7か月居住していたのであって、物件は清掃が必要な状況にありました。私は、専門業者に委託せず、自ら清掃を行いましたが、敷金から控除した21,000円は、私が行った清掃に見合う額です。

▶トラブルの結末◀

裁判所は、次のように判示し、Xさんの請求を認めました。

1. 賃借人が生活することによって生じる通常の損耗にとどまる限りは、賃貸借契約上当然に予定されているものであり、これを賃借人の負担とするためには、その旨の明確な合意が必要である。重要事項説明書には、ルームクリーニング費用が賃借人の負担である旨が記載されているものの、本件清掃費用負担特約は、専門業者に貸室内の清掃を委託した場合に生じる費用を賃借人の負担とするものであり、専門業者に清掃を委託する必要のない場合にまでルームクリーニング費用を賃借人に負担させる趣旨を含んでいることは明示されていない。

2. したがって、賃借人が自ら貸室を清掃した場合に生じた費用を賃借人の負担とすることについて、明確な合意があったとは認めることができず、賃貸人が清掃したとしても、それが通常の損耗にとどまる限りは、本件清掃費用負担特約に基づき、ルームクリーニング費用21,000円を賃借人の負担とすることはできないというべきである。

トラブルから学ぶこと

　クリーニング特約の効力については、裁判上で争われることも多いようです。

　過去の裁判例では、単に「クリーニング費用は借主負担とする」と記載しただけでは明確性に欠け、賃借人に著しく不合理であるから、特約は成立していない（東京簡裁平成16.10.29）としたものもあります。

　国土交通省で作成された「原状回復をめぐるトラブルとガイドライン（再改定版）」（平成23年8月）のＱ＆Ａでは、クリーニング特約の有効性について、以下の点等から判断されるとされています。

①賃借人が負担すべき内容・範囲が示されているか

②本来賃借人負担とならない通常損耗分についても負担させるという趣旨と、負担することになる通常損耗の具体的範囲が明記されているか、または口頭で説明されているか

③費用として妥当か

　本判決は、国土交通省のガイドラインにも沿ったものであり、実務上参考になるものです。

（参考裁判例：平成25年5月27日東京地裁判決）

47 国籍を理由に賃貸借契約の締結を拒否された。

47 国籍を理由に賃貸借契約の締結を拒否された。

<＜責任の主体：借主（賃貸）＞>
<＜請求の根拠：不法行為等に基づく損害賠償請求＞>

私は、会社を借主にして、賃貸マンションに入居する予定だったのですが、契約の最終段階で、日本国籍がないことを理由に、賃貸借契約の締結を拒否されてしまいました。貸主や媒介業者の責任を問いたいのですが。

（Xさん　43才　会社員）

●苦情の内容●

Xさんの勤務する株式会社Aは、従業員であるXさんを入居予定者として、Yの所有する新築賃貸マンションの一室を賃借するために、宅建業者Zに媒介を依頼しました。Xさんは、平成17年1月、所定の入居者カードの契約者欄にA、入居者欄に自分の氏名、入居希望日欄に平成17年4月と記載してZに提出しました。

同年3月末、Zは、その約1週間後に、賃貸借契約書と必要書類（外国人登録原票記載事項証明書等）をYの窓口に持参しましたが、Yの意向を確認した上で本件契約書等を受取ると言われ、Yの押印をもらえないまま、いったん自社に持ち帰りました。その後、Zは、Yから、Aには本件物件を賃貸しないと告げられ、同日Aにその旨を通知しました。そして、Yは別の賃借人と本物件の賃貸借契約を締結し、新賃借人が本件物件に入居しました。

Xさんは、Yは、Xさんが外国籍であるという正当でない理由で本件賃貸借契約の締結を拒絶したのであるから、信義則上の義務違反等に基づく損害賠償義務を免れないと主張して提訴しました。

■貸主の言い分■

入居申込みの段階で、X側から国籍が明らかにされれば、問題はありませんでした。Xが入居者の身元を隠そうとした疑いが濃厚で、Xが不誠実なために本物件をXに賃貸しないことにしたのです。

153

▶トラブルの結末◀

裁判所は、次のように判示し、Ｘさんの請求を一部認めました。

1. 最終審査段階で、Ｙが賃貸しないとして賃貸借契約書に押印しておらず本件契約書が完成していないのであるから、本件賃貸借契約は成立していない。Ｙは、ＸがＺと共謀のうえＸの国籍を秘匿していたと主張するが、これを認めるに足りる証拠はない。

2. Ｙは、客観的に見て賃貸借契約の成立が合理的に期待される段階に至って、Ｘに対して十分な説明を行うことなく、一方的にその締結を拒み、しかも、契約締結を拒むについて何らの合理的な理由がなかったのであるから、信義則上、Ｘが被った損害を賠償する責任を負うものと解するのが相当である。

3. 認定の事実関係によれば、本件賃貸借契約は、Ｘが日本国籍でないことを理由に、Ｙが賃貸しないこととしたのであるから、Ｙは、Ｘに対し、不法行為に基づき、損害を賠償する責任を負うものというべきである。

4. Ｘは、Ｚが仲介業者として、賃貸人が国籍を理由に入居を拒む意思を有しているか事前に確認すべき注意義務を負っていたと主張するけれども、ＸとＺが特約を設けた場合は格別、そうでない限り、Ｚは、そのような注意義務を負わないと解するのが相当である。

5. Ｘの損害賠償請求については、慰謝料等110万円を認める。

トラブルから学ぶこと

　本判決は、入居予定者が外国籍であることを理由に契約を拒絶する差別的な行為は許されないことを改めて示したものであり、実務の参考となるものです。

（参考裁判例：平成19年10月2日京都地裁判決）

第5章

媒介契約と媒介報酬に関する
トラブル

　不動産取引のトラブルで多く見られるものの一つとして、媒介契約と媒介報酬に関するトラブルがあります。

　具体的には、媒介業者と売主・買主・関連する媒介業者の間で、様々なトラブルが発生しますが、典型的なものとして、例えば、媒介報酬の請求の可否、媒介報酬の妥当性、媒介契約の解除の可否をめぐるトラブルがあります。

　本章では、近年の裁判例から、典型的な事例を選び、掲載していますが、宅建業者、売主、買主等にあっては、トラブルの未然防止や円滑な解決を図るため、裁判所の判断も踏まえつつ、内容を理解した上で媒介契約を結ぶとともに、トラブルが発生した場合には、適切に対応することが重要です。

　なお、媒介契約については、宅建業法では、宅建業者が土地・建物の媒介の依頼を受けた場合には、依頼者にその内容を書面（媒介契約書）にして交付することを義務付けており、また、媒介報酬は、宅建業者の尽力によって契約が成立したことに対する成功報酬として、その上限額が規定されていますので、当然のことながら、十分留意する必要があります。

48 | 売買交渉から外されてしまったが、媒介報酬は請求できるはずだ。

<責任の主体：媒介業者（売買）>
<請求の根拠：媒介契約に基づく報酬請求>

> 不動産売買契約は締結されたのですが、私は、売買交渉から排除されてしまいました。売主・買主それぞれに対して媒介報酬を請求したいのですが。
>
> （X社　不動産業）

●苦情の内容●

　宅建業を営むX社（以下X）は、平成22年３月初旬、Ｙ１（宅建業者）から、同社の所有する不動産が売却対象になっている情報を入手し、隣接地所有者Ｙ２（宅建業者）に売却活動を行うことの了解を得ました。

　同年４月７日、Xは、Ｙ２を訪問しＹ１の売却の意向を伝えました。同年５月17日、６月15日に、Xが同席し、Ｙ１とＹ２の間で交渉が行われましたが、Ｙ１から提示された売却希望価格60億円に対し、Ｙ２からは買取価格の提示はありませんでした。

　Ｙ２は、同社所有不動産を単独で事業化する方針でしたが、同年11月１日の社内会議で、Ｙ１、Ｙ２それぞれの所有不動産について、Ｙ１と共同事業化に向け協議を始めることに決定しました。

　平成23年４月25日、Ｙ１とＹ２の間で本件各不動産について、等価交換に関する基本協定、土地売買契約が締結されました。

　Xは、Ｙ１とＹ２それぞれに対し、媒介契約が成立している、また、Xが媒介して尽力した結果、売買契約が成立したにもかかわらず、売買交渉から排除されたとして、Ｙ１、Ｙ２それぞれに１億6,858万円余の媒介報酬、遅延損害金の支払いを求めて提訴しました。

■Ｙ１の言い分■

　媒介契約書は未作成であり、媒介契約は成立していません。また、Xに所有不動産の売却の話をしたことはありますが、宅建業者間における情報交換

のレベルにすぎません。

■Y2の言い分■

　媒介契約書が未作成である上、当社はXに対し、買取価格等の希望条件を提示しておらず、相談・依頼もしていません。

▶トラブルの結末◀

　裁判所は、次のように判示し、Xの請求を棄却しました。

1．Xは、これまでY1がXの仲介した不動産を買い取る際に媒介契約を締結したことがあるが、その際には、最終的に媒介契約書が作成され、所定の報酬が支払われてきた。本件のY1所有不動産の売却媒介については、これまで行われてきたような媒介契約は作成されていない。

　　平成22年3月上旬にXがY1より、所有不動産の売却を依頼された段階では、不動産業者同士の情報交換にすぎなく、Y2に売却を働きかけることを承諾したことについても営業活動の1つにすぎず、XとY1の間に売却媒介契約が成立したとは認められない。

2．平成22年4月7日のY2との面談では、Y2よりY1との面談期日の調整を依頼したにすぎず、また、以降の交渉でもY1に対する価格提示もないことから、XとY2の間の買取媒介契約の成立は認められない。

　　Xは、Y1とY2の間の交渉の席に数回立ち会っているが、Y1、Y2いずれも担当者間での交渉にすぎない上、Y2からの価格提示はなく、Y1とY2の間に売買契約が成立するために、Xが仲介活動をしたとは認められない。

3．平成22年6月15日に行われた交渉においても、Y1とY2の間で、売買契約及び等価交換の基本協定について合意が成立したとは認められない。その後、Xは、本件各不動産についてY1、Y2との売買交渉をしていない。

トラブルから学ぶこと

　媒介行為とは、宅建業者が売買物件や買手などをみつけ、代金の額、引渡しの時期等の契約条件の交渉をとりもつことによって、売手と買手が売買契約を締結するように誘引することが中心的な役務であり、宅建業者がこのような媒介行為をしたのでなければ、報酬請求権は発生しません。

　また、宅建業者はトラブル防止の観点からも、書面の作成交付義務（宅建業法34条の２）を遵守する必要があります。

　このようなことを示している本判決は、実務において参考となるものです。

（参考裁判例：平成24年12月19日東京地裁判決）

49 | 解除された売買契約が同じ当事者間で再度締結されたので、当社の寄与度に応じ報酬を請求したい。

<責任の主体：買主（売買）>
<請求の根拠：媒介契約に基づく報酬請求>

　当社が紹介した売主と買主の間で、いったんは売買契約が成立したものの、契約解除となりました。その後、当社を排除した形で、同じ売主と買主の間で再度売買契約が成立しました。当社と買主の間の媒介契約に基づき、報酬を請求したいと考えています。

（Ｘ社　不動産業）

●苦情の内容●

　媒介業者Ｘは、平成22年９月６日、買主Ｙとの間で、本件物件について、本件媒介手数料を630万円と定め、一般媒介契約書に基づき、本件媒介契約（契約締結後３ケ月Ｈ22.12.5まで）を締結しました。

　売主である訴外ＡとＹは、Ｘの媒介で、本件物件について、本件売買契約を同年９月６日締結、売買代金２億4,000万円、決済日を同月10日と決定しました。

　Ｘは、平成22年９月３日、本件物件に通行権の負担があることを知りましたが、その内容について、売買契約当日に、Ｙに連絡しました。Ｙは、平成22年９月７日、融資銀行に対し、通行権の負担につき説明したところ、融資を予定通り行うことは無理である旨の回答を受け、同月９日、融資特約条項に基づいて本件売買契約を解除しました。

　Ｙは、上記の経緯から、Ｘに再度交渉を依頼することなく、解除の当日、Ｙの代理人弁護士にＡとの間の交渉を依頼しました。

　平成22年９月10日、ＹとＡは、本件物件につき、売買代金２億2,850万円とする売買契約（以下「売買契約２」という。）を締結しました。

　その後、Ｘは、本件媒介契約に基づき、Ｙに対し、媒介手数料等の支払いを求めて提訴しました。

■Yの言い分■

　本件売買契約は、融資特約条項により解除され、媒介契約上、本件売買契約が解除となった場合には、本件仲介手数料の支払義務は発生しない旨定められていたから、Xに対し仲介手数料の支払義務はありません。

　売買契約2は、本件売買契約の解除後に、改めて、YとAとの間で交渉の結果締結されたものであって、本件売買契約とは別個の契約です。

▶トラブルの結末◀

　裁判所は、次のように判示し、Xの請求を一部認めました。

1．本件媒介契約が、融資の不成立を解除条件として締結された後、融資の不成立が確定し、これを理由として契約が解除された時には、買主は、媒介業者に対して、仲介手数料の支払義務がないと解するのが合理的であり、本件売買契約は、上記のとおり、融資特約条項に基づいて解除されているから、Yは、Xに対し、本件仲介契約に基づく仲介手数料の支払義務を負わないというべきである。

2．Yは、一般媒介契約の有効期間内である平成22年9月10日に、Xの紹介によって知った訴外Aとの間で、Xを排除して本件物件につき売買契約2を締結したものであるから、本件約款に基づき、売買契約2の成立に寄与した割合に応じた本件相当額報酬請求権を有するというべきである。そして、YがXではなくYの代理人弁護士に売買契約2の交渉を依頼したことにも相応の理由があること、売買契約2は、Y代理人による交渉がなければ締結に至らなかったことが推認されることなどを総合勘案すれば、Xが、売買契約2の成立に寄与した割合は5割と認めるのが相当である。

トラブルから学ぶこと

　本件は、一般媒介契約の標準約款の規定（「一般媒介契約の有効期間内又は有効期間満了後２年以内に、依頼者が媒介業者の紹介によって知った相手方と媒介業者を排除して売買契約を締結したときは、媒介業者は、依頼者に対して契約の成立に寄与した割合に応じた相当額の報酬を請求することができる」）と同様の契約書の規定に基づき、相当額報酬請求権を５割と認定した事例です。

　いわゆる「抜き行為」をめぐる例として、実務上参考になると思われます。

（参考裁判例：平成24年11月16日東京地裁判決）

50 無免許の個人が宅建業者の従業員として行った取引について、利益分配の合意に基づき報酬を請求したい。

50 無免許の個人が宅建業者の従業員として行った取引について、利益分配の合意に基づき報酬を請求したい。

<責任の主体：売主業者（売買）>
<請求の根拠：媒介契約に基づく利益分配請求>

　私は、以前に不動産業を営んでいた人を雇用し、媒介行為の手数料や売買、転売等による利益を配分することにしていたのですが、土地の転売によって得た利益の配分をめぐってトラブルになってしまいました。

（X社　56才　不動産業）

●苦情の内容●

　宅建業を営む会社Xは、平成16年8月、かつて宅建業を営んでいたYを従業員として登録し、YがXの名義と暖簾を使用して宅建業の業務を行う旨の合意をしました。なお、Yは宅建業の免許を有していませんでした。

　Xは、平成17年10月、Aから、T市の土地を代金4,306万円余で購入し、同日、本件土地を有限会社Bに代金8,612万円余で売却しましたが、これらの売買取引について、売主、買主らとの売買交渉や契約手続等の一切はYが行いました。

　Yは、平成18年7月、本件取引による利益3,752万円余を、自身が代表者である「有限会社F」名義の預金口座に振り込み、同年8月末、Xに利益分配金150万円を支払いました。

　そこで、Xは、Yに対して、平成20年9月1日付けで、上記利益の20%の分配金（750万円余）と、売却代金の6%の売買代理手数料（516万円余）の支払いを求めましたが、Yがこれを拒否したため争いになりました。

　一審は、利益分配金に係るXの請求の一部を認容し、Yが控訴しました。

■Yの言い分■

　X名義でYが行った媒介行為、代理行為の手数料の配分率は、X20%、Y80%でしたが、それ以外の売買・転売等取引行為によって得た純利益の配分率は、その都度協議することになっていました。本件の利益配分金は150万

163

円で合意が成立していたはずです。

▶トラブルの結末◀

　高等裁判所は、次のように判示し、一審判決を取り消し、Ｘの利益に係る請求を棄却しました。

1．Ｙは、平成16年８月、Ｘとの間で、Ｘの従業者として登録し、Ｘの名義と暖簾を使用して宅建業を行う、営業利益の配分率をＸ20％、Ｙ80％と定める等の合意をした上、Ｘから従業者証明書の交付を受けた。

　しかし、Ｙは、自己の判断と計算により独立して不動産業を営んでいたというべきであって、実質的にＸとは別個の事業者であったのであり、ただ自らは宅建業の免許を有していなかったことから、宅建業を営むための方便として免許を有するＸの名義を使用し、Ｘはこれを許諾して、その対価として利益分配金の支払を受けるという関係にあったにすぎないことが明らかである。

　したがって、ＸとＹとの間の上記合意は、宅建業法13条が禁止する名義貸しを内容とするものにほかならないというべきである。

2．宅建業法13条の名義貸しの禁止の規定に違反する合意は、同法が宅建業を営む者について免許制度を実施した趣旨目的を潜脱してその実現を妨げ、実質的に無免許による宅建業者の営業を可能にし、宅地建物の購入者らの円滑で安全な取引を阻害する危険を生じさせるものであって、相当強度の違法性を帯びた合意というべきであり、その私法上の効力としても、公権力をもって実現することを許容するのは相当ではなく、裁判上行使することが許されない性質のものである。

トラブルから学ぶこと

　本判決は、宅建業の免許を持たない個人が宅建業免許業者の従業員として行った土地の売買取引に関し、利益分配金に関する合意が、宅建業法13条で禁止されている名義貸しに抵触するとして、利益分配金の請求自体が否定されたものです。

　なお、宅建業の名義貸しについては、宅建業の免許制度を根底からおびやかす重大な不正行為であり、宅建業法上、無免許営業と同様に、3年以下の懲役、3百万円以下の罰金か、その併科という一番重い罰則が科せられることになっています。

（参考裁判例：平成23年1月21日名古屋高裁判決）

51 賃貸人からいったん合意した広告料の返還を求められている。

<責任の主体：媒介業者（賃貸）>
<請求の根拠：宅建業法の報酬規程に反する報酬請求>

私は、賃貸人と、賃借人から礼金として受領する金員を広告料名目で収受する旨を合意しましたが、賃貸人から返還請求を受けています。

（Ｘ社　不動産会社）

●苦情の内容●

　平成18年、賃貸人Ｙは、媒介業者Ｘに、所有建物（以下「本件建物」）の賃貸借契約の媒介を依頼し、Ｘは本件建物について、同年11月から平成22年２月にかけて４件の賃貸借契約（以下「本件契約１ないし４」）の媒介を行いました。

　Ｘは、本件契約１に先立ち、Ｙに対し、近時の賃貸物件の供給状況では、貸主が広告料名目で元付業者に対し金員を支払うのが一般的であり、本件建物の賃貸を仲介するに際しても、Ｙに広告料を支払ってほしい旨求めましたが、Ｙが、自分が広告料を負担するということに難色を示したので、Ｘは、テナントから礼金名目で金銭を徴収し、これを広告料に充てることを提案し、Ｙの了承を得た上で、本件契約１ないし４の締結時に、賃借人から受領した礼金を広告料名目で収受しました。

　平成22年３月、Ｘは、金銭の精算等について疑問を持ったＹが、Ｘの事務所に押しかけ暴言を吐き、恫喝したとして、Ｙに対し営業妨害等の不法行為に基づく損害賠償等242万円余の支払を求めて提訴しました。これに対し、Ｙは、Ｘに対して、賃借人から受領した礼金を含む預り金等の返還請求として240万円余（うち礼金111万円余）の支払を求めて、反訴しました。

■Ｙの言い分■

　私はＸ主張の礼金取得に合意をしていません。また、合意していたとしても、それは宅建業法に違反しており、無効です。そのため、Ｘが預かり、ま

たは留保している礼金名目を含む金員の返還を求めます。

▶トラブルの結末◀

　裁判所は、次のように判示し、Xの請求を全て棄却し、Yの請求を一部認めました。

1．XとYとのやり取りで、社会通念上許される範囲を超えてYらが暴言を吐き、Xを恫喝したとまで認めることはできない。

2．Yは、礼金取得の合意を否定する旨の主張をするが、4件の各契約書には、礼金の規定が明確に表示されており、投資物件としての運用を目的としたYが礼金が未払であることについて問題としなかったとは考え難いのであり、Yの主張等は、採用することができない。

3．礼金取得の合意は、賃借人から礼金との名目の下に賃料の1か月または2か月分相当額の金員を支払わせることを前提として、これをXにおいて広告料の名目により取得することを認めるものであるが、このような合意は、宅建業法の定めに違反し、無効であるというよりほかはない。

　　また、各賃借人とY間の礼金支払の合意も、礼金取得の合意と同様に、宅建業法の規定に反し、無効である。

　　Yは、礼金名目の金員について、Yが取得すべき金員をXが預かりまたは留保したとして、その引渡しを求めているが、礼金名目の金員は本来賃借人に返還すべきものであり、Yがこれを取得すべき理由はない。

4．Yの反訴請求は、Xの預り金等の未返還債務64万円の限度で理由があり、その余の請求を認める的確な証拠はない。

トラブルから学ぶこと

　本判決は、媒介業者と賃貸人間で合意された礼金取得の合意、その合意を前提として定められた賃貸人と賃借人間の礼金支払の合意が、宅建業法の媒介報酬の規定を潜脱するものとして無効とされたものです。

　なお、宅建業法の報酬の規定等に違反した場合、宅建業法上の監督処分の対象にもなります。

（参考裁判例：平成25年6月26日東京地裁判決）

第6章
近隣関係に関するトラブル

　近隣関係に関するトラブルは、不動産取引をめぐるトラブルではありませんが、多く見られます。

　近隣関係に関するトラブルは、被害を主張する者と、その相手方（近隣住民、私道所有者等）との間のトラブルですが、主張が認められるか否かは、民法上の不法行為に該当するか、所有権の行使であるとしても許されないものであるか等の判断により、決せられるものです。

　ただし、媒介業者、売主業者等としては、近隣関係に関するトラブルを発生させる事象が、売買等の取引の判断に影響する場合には、買主に対して、調査・説明義務が発生する場合も考えられます。

　本章では、近年の裁判例から、典型的な事例を選び、掲載していますが、宅建業者等にあっては、トラブルの未然防止を図るため、裁判所の判断も踏まえつつ、十分な調査・説明を行うことが必要です。

52 隣地建物の建て替えにより、日照被害を被っている。

52 | 隣地建物の建て替えにより、日照被害を被っている。

<責任の主体：近隣住民>
<請求の根拠：不法行為に基づく損害賠償請求>

　私が住んでいるマンションは、もともと日当たりは良くなかったのですが、隣地建物が建て替えられ、冬至期には、全く日が当たらなくなってしまいました。我慢の限度を超えているので、損害賠償を求めたい。

（X氏　70才　無職）

●苦情の内容●

　Xさんが居住しているマンション（以下「本件マンション」）は、第1種中高層住居専用地域に所在していますが、その隣地には、Xさんが居住部分（本件マンションの1階）を購入した当時から、隣地所有者Yが所有する建物（以下「従前建物」）が存在していました。

　その後、従前建物は、新たな建物（以下「本件建物」）に建て替えられ、その結果、Xさんの居住部分は冬至期には全く日照を享受できなくなりました。

　そのため、Xさんは、受忍限度を上回る日照権侵害を被ったとして、慰謝料請求を行いました。

■Yの言い分■

　従前建物の当時からXさんが享受していた日照は限られたものであり、本件建物の建築によってXさんが被る日照被害は受忍限度の範囲内です。

▶トラブルの結末◀

　裁判所は、次のとおり判示し、Xさんの請求を棄却しました。
1．本件建物の建築により、X所有建物部分に対する日照がなくなったのであるから、Xは、本件建物建築によりX所有建物部分に対する従前の日照

171

の利益を享受できなくなった侵害行為を受けたものということができる。

2．しかし、もともとX所有建物部分が享受していた冬季における日照の程度は、午前11時から午後１時までの２時間であり、しかも、その日照は、全面的にX所有建物部分に対する日照ではないことから、X所有建物部分が享受していた日照の利益を過大に評価することはできず、その利益は、むしろ、ごくささやかな程度のものであったと評価せざるを得ないものである。

　　また、Yから見ても、本件建物を建築することによって、X所有建物部分に居住する一般的な日照の利益を、従前建物が存していたときと比較して著しく侵害することになるとは認識することができないものと言わざるを得ない。

3．一方、本件建物は、従前建物よりも15センチメートル北側に建築されてはいるが、本件建物は、既に、本件建物敷地の境界線から1.2メートル後退して建築されているものであって、一定の距離が保たれているし、また、本件建物が従前建物と同様賃貸目的の建物であって、Yが法的規制を遵守しながら、なお、採算性を考慮することも当然に許されるべきであることを考慮すれば、Yに対して、更に南側に1.1メートル後退して本件建物を建築することまで求めるのは、過分な要求といわざるを得ない。

　　さらに、本件地域が第１種中高層住居専用地域であって、第１種又は第２種低層住居専用地域と比較すると日陰規制が緩和されていること、本件建物の周辺には３階建以上の建物が多く存在していることなども考慮すれば、本件建物の建築については、特別に問題となるべき事情を認めることはできない。

4．以上を総合考慮すると、本件建物の建築によってX所有建物部分の従前の本件日照が侵害されたとしても、これは社会通念に照らしてXの受任限度を超えるものとは認め難いから、Yの不法行為を構成するものではないと評価するのが相当である。

トラブルから学ぶこと

　本判決では、日照侵害に基づく損害賠償請求について、日照侵害が社会生活上受忍すべき限度を超えた場合に、当該日照侵害が違法になるという「受忍限度論」が採られ、事情を総合的に判断し、不法行為は成立しないとされました。日照被害の受忍限度の判断要素としては、一般的に、①日照侵害の程度、②建築基準法違反の有無、③地域性（用途地域、現況）、④加害回避の可能性、⑤被害回避の可能性、⑥交渉経過等といった様々な事情を総合的に考慮して判断するのが裁判例の一般的傾向です。

（参考裁判例：平成17年9月29日大阪地裁判決）

53 騒音で営業妨害されたので、テナントと賃貸人に責任追及したい。

<責任の主体：賃貸人、賃借人（賃貸）>
<請求の根拠：不法行為に基づく損害賠償請求>

　私は、区分所有ビルの１階を借りて小料理屋を営んでいましたが、地下にライブハウスがテナント入居してから毎晩深夜まで騒音と振動がひどく、何度も抗議しましたが対応してくれません。客足が遠のき、閉店のやむなきに至りました。地下テナントと賃貸人に損害賠償を求めたい。

（Ｘ氏　60才　無職）

●苦情の内容●

　Ｘさんは、区分所有ビルの１階店舗（以下「本件店舗」）を借りて飲食店を営んでいましたが、地下店舗をＹ２・Ｙ３が競落し、Ｙ１が賃借人としてライブハウスを開店してから、深夜までひどい騒音と振動に悩まされました。

　抗議しても有効な対応はなく、調査会社に依頼して騒音と振動を測定させたところ、条例の基準を超える建設工事並みの数値が計測されました。

　客足が遠のき、Ｘさん自身も騒音の下で営業を継続することが困難になり、閉店に至りました。ＸさんはＹ１・Ｙ２・Ｙ３に対し、不法行為責任による損害賠償として748万円余を請求しました。

■Ｙ１・Ｙ２・Ｙ３の言い分■

　Ｘさんの調査は客観的妥当性に問題があります。ライブ演奏は午後６時から午後10時30分頃迄です。仮に音が出ても、本件店舗は多数の客が出入りする商業ビルの１階で、受忍限度を超える違法な騒音等とはいえません。当方でも４度の防音工事を行うなど誠意ある対応をしています。売上減少と騒音に因果関係はなく、特筆すべき苦痛は発生していないと思います。

▶トラブルの結末◀

　裁判所は、次のとおり判示し、Xさんの請求のうちY1・Y2・Y3の不法行為責任を認め、慰謝料100万円の支払の請求を認めました。

1．東京都は「都民の健康と安全を確保する環境に関する条例」を定めている。建物の上下関係を想定したものではないが、騒音が受忍限度を超えるかどうかの参考数値として考慮することは相当である。本件店舗における振動は基準に定める60デシベルを超え、低周波は平常時の50～1,000倍に達し、受忍限度を超える違法なものであった。

2．Y1は、苦情を受けて数度にわたり防音、防振工事を行ったが、結果として効果が出なかった。その状況でライブ演奏を行わせ、受忍限度を超える騒音等を伝播させたことによりXは損害を蒙ったといえるから、Y1はXに対し不法行為責任を負う。

3．賃借人の迷惑行為を賃貸人が何らの措置を取らずに放置し、そのために他人に損害が発生した場合には、賃借人の違法な使用状況を放置したという不作為が不法行為を構成する場合がある。Y2・Y3は、Y1に対し適切な改善措置を取らせずに、結果としてXに損害を与えたことから、Xに対し不法行為責任を負う。

4．Xの請求する営業利益損害金と閉店に伴う原状回復費用等の損害金は、Y1らの不法行為により生じた損害と認めることは困難であり、慰謝料算定の一要素として考慮するのが相当である。Xが受けた精神的苦痛、ライブハウス開店後のY1らの不法行為の態様、その間の交渉の状況等の一切を考慮し、Xの慰謝料は100万円をもって相当と認める。

トラブルから学ぶこと

　本判決においては、賃借人の受忍限度を超える騒音等について、有効な手を打たず放置した賃貸人にも不法行為責任が認められ、慰謝料支払が命じられました。

　周辺に対する侵害行為については、賃貸人と賃借人の双方が、連携してその解消に取り組むことが求められます。

（参考裁判例：平成17年12月14日東京地裁判決）

54 隣地アパート住人の私道通行を禁止したい。

54 | 隣地アパート住人の私道通行を禁止したい。

＜責任の主体：私道所有者＞
＜請求の根拠：私道（位置指定道路）の通行請求＞

　私の隣接地に建てられたアパートの居住者が、私の所有している私道を通行することを禁止したいと考えています。隣接地の前の所有者とは合意があるのですが、現所有者は「通行禁止」を拒否しています。

（Ｘ氏　43才　自営業）

●苦情の内容●

　Ｘさんは、道路位置指定を受けた私道（以下「本件私道」という。）を所有し、自らは本件私道に面した土地上の建物に居住しています。Ｘさんは、公道に出るには本件私道を利用するしかありません。

　Ｙは、北側に位置する公道に約２～３ｍ接し、長さ約15ｍの通路状部分のある概ね長方形の形状土地（東側が本件私道に接している土地。以下「本件土地」という。）を売主Ａから購入して、６戸のアパートを建築しました。

　Ｙは、本件土地の購入に際し、媒介業者から、当初の分譲業者とＡとの間で、Ａと本件土地の所有継承者は、①非常口、裏口等を必要とするときは、本件私道と本件土地との境界線上に通用口を設けること、②通用口を主要な出入口として使用しないことの合意（本件合意）があるため、本件私道の通行が非常時に制限されていること等の説明を受けました。

　その後、媒介業者は、Ｘさんに対し、本件土地の継承者が本件私道を通行すること等を承諾する旨の書面への署名を求めましたが、Ｘさんは拒絶しました。

　Ｘさんは、Ｙに対し、本件合意の内容を説明し、本件私道との境界線上には出入口を設置しないよう申し入れ、アパートの居住者らが本件私道を通行しないよう求めましたが、Ｙは、本件合意の継承を否定し、Ｘさんの求めを拒否しました。

　Ｘさんは、本件私道に対する占有使用の妨害禁止を求めて提訴しました。

177

■Yの言い分■

本件私道は位置指定道路であって、一般公衆の通行のために利用させなければなりません。自動車も大きさによってはすれ違うことも可能です。

▶トラブルの結末◀

裁判所は、次のように判示し、Xさんの請求を一部認めました。

1．位置指定道路は私道ではあるが、一般公衆の通行を許容する性質を有しているものであるから、公衆の通行・立ち入りを全面的に禁止したり阻害したりすることはできない。しかし、あくまで私道であるから、その所有者は、当該道路に対する維持・管理権を有し、位置指定道路の趣旨等法令の規定に反しない限り、当該道路の保全と関係権利者の居住の平穏のため、当該道路の利用を自治的に定めることができ、当該道路を利用する一般公衆もその定めによる利用制限に服するものというべきである。

2．本件土地の関係者が本件私道を徒歩や自転車等で通行することは、本件私道の所有者の所有権の行使を妨害するとはいえないが、幅約4mしかなく、かつ、通り抜けできない本件私道に自動車を乗り入れることは、駐停車によりXら利用者の利便を著しく損なう可能性の高いものであり、ひいては、本件私道の所有者の所有権の行使を妨害するものである。本件土地は直接公道に接しているから、本件私道への自動車の乗り入れが禁止されたとしても大きな不都合を生じるものではない。

3．よって、Xによる本件私道の利用についての取り決めは、本件土地上の建物に出入りする者について、自動車通行することや、駐停車することを禁ずる限度で有効な制限と解されるが、その余の部分については、第三者に対し主張し得ないものである。

トラブルから学ぶこと

　位置指定道路等の私道については、私道所有者以外の者の通行について争われることがよくあります。本判決は、位置指定道路の権限のない第三者の利用について、一定の考え方を示したものであり、実務の参考になります。

　なお、宅建業者が他人所有の私道に面する土地を売却・媒介する場合は、自動車の通行承諾や掘削承諾、各種承諾料の有無等について、私道所有者への確認・調査等を行い、適宜、私道所有者から確認書等の文書を貰っておく等、慎重な対応が必要です。

（参考裁判例：平成23年6月29日東京地裁判決）

55 | 私道所有者から、車両通行や埋設管の利用は所有権の侵害と主張されている。

<責任の主体：私道所有者>
<請求の根拠：私道（いわゆる２項道路）の通行請求等>

　私と妻は、宅建業者から、X他所有の私道（いわゆる２項道路）に面する土地建物を購入しました。ところが、Xは、同私道の車両通行や、同私道を掘削して上下水道の本管とガス管を継続して使用していることについて、土地所有権の侵害だと主張しています。私道ではあっても、建築基準法上の道路ですから、Xの主張はおかしいと思います。

（Yさん、47才　公務員）

●苦情の内容●

　Yさん夫妻は、平成21年１月15日、宅建業者から、本件土地１と同土地上の建物の所有権を買い受けました。

　Xは、平成21年５月20日、本件土地２（私道）の所有権を、同土地の相続人から取得しました（その後、共有持分６分の１ずつを、他の本件私道に面する人４名に各自30万円で売却しています）。

　Xは、Yさん夫妻に対し、「X所有の本件土地１を車両で通行し、同土地を掘削して上下水道の本管及びガス管を継続して使用している」と主張して、同土地の所有権侵害として、Yさん夫妻が連帯して、損害額の200万円をXに対して支払うことを求めました。

■Yさん夫妻の言い分■

　この私道は、建築基準法42条２項の指定を受けた道路（いわゆる２項道路）ですから、無償で、上下水道の本管やガス管を使用したり、車両で通行したりできると思います。そのような判例もあると思います。

▶トラブルの結末◀

　話し合いで解決しなかったため、Ｘは、Ｙさん夫妻（以下「Ｙ」と総称する。）を訴えました。裁判所は、次のように判示して、Ｘの請求を一部認めました。

1．Ｘは、本件土地２を、平成21年５月20日買い受け、所有権を取得し、同年７月23日以降は３分の１の持分を有しているところ、Ｙは、本件土地１を所有して、Ｘが本件土地２の所有権を取得した同年５月20日以降、Ｘに無断で、本件土地２を自動車で通行し、本件土地１に埋設された上下水道管を継続的に使用しているものと認められる。Ｙの上記行為は、Ｘの土地所有権を侵害するものとして、不法行為を構成するものと認められる。

2．Ｙは、本件土地１が建築基準法のいわゆる２項道路であることを根拠に、本件土地１における上記行為は違法でない旨主張するものと解されるが、２項道路であることから直ちに、本件土地２に隣接する土地所有者が、本件土地２を自由に使用することができるとはいえず、他にＹが本件土地２を使用する権限を有することを認めるに足りる証拠は存しないから、Ｙの主張は採用できない。

3．①本件土地２に隣接する土地の所有者等は、Ｘと話し合って、各自30万円で本件土地の共有持分をＸから買受けた上で、本件土地１を使用していること、②Ｘが本件土地１を取得した日以降のＹの本件土地１の使用期間は、約８カ月であること、③Ｙが本件土地２を掘削したのは、Ｘらが本件土地２を取得する前であると認められること等を考慮すると、Ｙの上記不法行為と相当因果関係のあるＸの損害額は10万円が相当である。

トラブルから学ぶこと

いわゆる２項道路等の私道については、私道所有者以外の者の利用について争われることがよくあります。本判決は、２項道路の権限のない第三者の利用について、消極的が考え方を示したものであり、実務の参考になります。

なお、宅建業者が他人所有の私道に面する土地を売却・媒介する場合は、自動車の通行承諾や掘削承諾、各種承諾料の有無等について、私道所有者への確認・調査等を行い、適宜、私道所有者から確認書等の文書を貰っておく等、慎重な対応が必要です。

（参考裁判例：平成22年３月23日東京地裁判決）

56 2項道路の所有者が道路上に鉄柱等を設置したが、問題ではないか。

56 | 2項道路の所有者が道路上に鉄柱等を設置したが、問題ではないか。

<責任の主体：私道所有者>
<請求の根拠：人格権に基づく妨害排除請求>

　私は、2項道路に指定されている私道を利用しているのですが、この私道の所有者が私の建物の側に鉄柱等を設置してしまいました。いやがらせとしか思えません。早急に撤去してほしいのですが。

(X氏　45才　会社員)

●苦情の内容●

　Xさんは、所有する建物Aの2階の一室を、自らが代表取締役である株式会社の事務所として利用し、1、2階部分を衣料品店や雑貨店に賃貸していました。建物Aは公道に接しておらず、Xさんのほか建物Aの使用者は、建築基準法42条2項路の指定を受けた道路（いわゆる2項道路）であるY所有の私道を通行して公道に出入していました。

　本件私道の両側には服飾雑貨店等が建ち並び、近隣の住民だけでなく、服飾雑貨店等の関係者や店舗を訪れる多くの客らが通行していました。そして、XさんとYとの間には、以前から次のような争いがありました。

①Xさんは、平成16年半ば頃、区に対して、本件私道の掘削を伴う下水道管工事を申請したが、Yの反対を受けたため、申請を撤回した。

②Yは、平成17年7月頃、A建物に隣接するY　所有地に仮設建築物を建築しようとしたが、区から改善命令を受け一部撤去した。Yは、この件についてXさんが密告したものと考え、XさんとA建物の賃借人にその旨の文句を言った。

　そのような経緯のなかで、Yは、平成17年8月、本件私道に、「私道につき上下水道、ガスその他の工事、駐車禁止　Y」（以下「本件禁止文言」）と記載された看板や、可動式の黄色のコーンを設置し、その後も、同年9月から平成18年5月にかけて、本件禁止文言が記載された看板や、鉄柱を多数設置（私道のA建物側に鉄柱7本、看板1基、私道の反対側に看板3基、可動式コーン3個）しました。なお、これらの鉄柱等は、本件私道上のA建物の

前面にのみ設置され、他の建物の前面には設置されませんでした。

　Xさんは、賃借人からも売り上げが落ちた等の苦情を受け、多大な精神的苦痛を受けている。鉄柱等の設置は、その設置場所、設置形態、本数、記載文字からして、違法駐停車、無断工事阻止という目的のために相当とされる程度を超えるもので、明らかに自分に対する嫌がらせであって、自らが平穏な生活を送ることができる人格上の権利を侵害するものである、として、それらの撤去を求めて提訴しました。

■Yの言い分■

　本件私道は駐停車が許されている土地ではなく、無断で掘削等をすることができる土地でもありません。本件鉄柱等は、Xさんらによる違法駐停車や無断掘削工事を阻止する必要があるため設置したもので、本件私道の維持管理のための合理的な標示といえるものです。また、記載された掲示もXさんの人格を攻撃するようなものではありません。

▶トラブルの結末◀

　裁判所は、次のような判断を示し、Xさんの請求を認容しました。

1．鉄柱等の設置場所や設置数からすれば、本件禁止文言はXに宛てたものであり、Xが違法駐停車や他人の土地の無断掘削といった違法行為をするような非常識な人物であるとの印象を、本件鉄柱等を見る本件私道の通行人に対して与えるものであるということができる。

2．本件全証拠によっても、本件私道について、違法駐停車や無断掘削工事等を阻止する必要性があったとは認められない。仮にそのような必要性があったとしても、本件鉄柱等の設置は、その目的達成手段として著しく相当性を欠くというべきである。

3．Xは、本件鉄柱等の設置以降、毎日本件禁止文言の記載された本件鉄柱等を見ざるをえず、取引先らから、何か問題を抱えているのではないかとの質問を受け、さらには、A建物1階の賃借人からも苦情を受けるなどの状況にある。したがって、本件鉄柱等によって被るXの精神的苦痛は多大であり、その程度は、受忍限度を超えたものであると認められる。

4．以上によれば、Xは、本件鉄柱等により平穏な生活を送るという人格的

な法益を違法に侵害されているということができ、本件鉄柱等（私道のX側建物の鉄柱7本、看板1基）の撤去を求めることができるというべきである。

トラブルから学ぶこと

裁判例においては、いわゆる2項道路の権限のない第三者利用については、消極的に考えられる傾向にありますが、本判決では、私道所有者の排除行為が人格権の侵害に当たるものとして、違法と評価されたものであり、実務の参考となります。

（参考裁判例：平成19年2月13日東京地裁判決）

第7章
マンション管理に関するトラブル

　マンションの居住人口は、約1500万人にのぼると推計されるなど、都市部を中心に引き続き増加しており、マンションに関するトラブルは、不動産取引をめぐるトラブルではありませんが、多く見られます。

　マンション管理に関するトラブルは、基本的には、被害を主張する者と、その相手方（他のマンション所有者等）との間のトラブルですが、主張が認められるか否かは、民法上の不法行為に該当するか、区分所有法（マンション法）上どのような取扱いになっているか等の判断により、決せられるものです。

　ただし、媒介業者、売主業者等としては、マンションに関するトラブルを発生させる事象が、売買等の取引の判断に影響する場合には、買主に対して、調査・説明義務が発生する場合も考えられます。

　本章では、近年の裁判例から、典型的な事例を選び、掲載していますが、宅建業者等にあっては、トラブルの未然防止を図るため、裁判所の判断も踏まえつつ、十分な調査・説明を行うことが必要です。

57 階下の住人の深夜の歌声がうるさく、我慢の限度を超えている。

57 | 階下の住人の深夜の歌声がうるさく、我慢の限度を超えている。

<責任の主体：マンションの所有者>
<請求の根拠：不法行為に基づく損害賠償請求>

　私は、分譲マンションに住んでいるのですが、階下の住人の夜中の歌声がうるさく、健康を害して転居を余儀なくされました。治療費や転居費用、慰謝料などを請求できるでしょうか。

（X氏　45才　会社員）

●苦情の内容●

　Xさん夫婦は、Xさんが購入した分譲マンション（本件マンション）の813号室に、平成14年4月末から居住していました。

　Yは、722号室に、平成14年5月頃から居住していますが、ロックミュージシャンとして活動しており、自宅において、集音マイクに向けて歌い、作曲を行っていました。

　Xさんは、平成15年、722号室から聞こえてくる歌声がうるさいとの苦情を本件マンションの管理会社に述べ、同社から、Yに歌を歌わないように注意してもらいましたが、Yの歌は止みませんでした。そこで、Xさんは、同社を通じて、Yに対し、722号室に防音ルームを作る以外に解決方法がないという申入れをしましたが、Yは、上記申入れを断りました。

　Xさんの妻は心身に変調をきたし、813号室からの転居を余儀なくされるなど、多大な肉体的・精神的苦痛を被り、Xさんも精神的苦痛を被ったなどと主張して、不法行為による損害賠償を求めました。

●Yの言い分●

　722号室に入居してから、室内で歌を歌うことはありましたが、毎日、深夜を含めて長時間にわたり、歌い続けたということはありません。専門業者が実施した騒音測定の結果、813号室内に到達した騒音レベルは、最大でも41デシベルにすぎなかったので、Xさんが主張する受忍限度の判断基準は、

189

根拠がありません。

▶トラブルの結末◀

裁判所は次の通り判示し、Ｘさんの請求を一部認容しました。

1．Ｙが、722号室において歌を歌う時間帯は、概ね正午から午後8時頃までの間であったものの、Ｘらが、本人尋問において、午前0時頃から午後6時頃までの間に歌声が聞こえてきたことが、年に一、二回ないし数回あったと供述していることからすれば、Ｙが、深夜（午後11時から翌日午前6時）の時間帯に722号室において歌を歌うことも、年に数回程度はあったものと認められる。

2．騒音レベルの測定結果によれば、813号室に伝播するＹの歌声の騒音レベルは、最大41デシベル程度であったものと認められ、これは、環境条例の規制基準において、午後11時から翌日午前6時までは50デシベルと定めているところを超えるものではなく、また、本件検証の結果によれば、Ｙの歌声は、少なくとも深夜（午後11時から翌日午前6時まで）以外の時間帯においては、通常人において特段不快に感じるようなものであるとは認められない。

3．Ｙの歌声は、生活音とは明らかに異質な音であり、その音量が最大41デシベルにとどまるとしても、入眠が妨げられるなどの生活上の支障を生じさせるものであるといえる。また、環境条例における深夜の規制基準は50デシベルであるが、建物の防音効果を考慮すると、建物内においてはより厳格な数値が求められているものである。これらの点を考慮すると、最大41デシベルに及ぶ深夜におけるＹの歌声は、受忍限度を超えるものであるというべきである。

4．以上によれば、Ｙは、平成14年5月に722号室に入居して以降、年に数回程度、深夜に歌を歌い、813号室に受忍限度を超える騒音を伝播させたものであると認められ、その限りで不法行為責任を負うべきものである。

5．前記に認定した限度の本件不法行為の態様その他本件にあらわれた一切の事情を総合考慮すれば、本件不法行為によりＸが受けた精神的苦痛に対する慰謝料額は、10万円をもって相当と認め、また、本訴追行のための弁護士費用相当の損害額としては、2万円をもって相当と認め、その余は理由がないから棄却する。

トラブルから学ぶこと

　マンション内での日常の生活騒音をめぐるトラブルはよくあります
が、本判決では、被害者の苦痛の程度、加害者側の被害回避努力への対
応等を総合考慮して慰謝料等が認められています。

　なお、宅建業者としては、隣人の迷惑行為については、「宅建業者は、
購入者が当該建物において居住するのに支障を来すおそれがあるような
事情について客観的事実を認識した場合には、当該客観的事実について
説明する義務を負うと解するのが相当である」との判断を示した判決
（大阪高判平16・12・２判例時報1898号64頁）もあり、注意を要しま
す。

（参考裁判例：平成26年３月25日東京地裁判決）

| 58 | 分譲マンション上階の子供の泣き声や掃除機による騒音に悩まされている。 |

＜責任の主体：マンションの賃借人＞
＜請求の根拠：不法行為に基づく損害賠償請求＞

　私は、マンションに入居しているのですが、上の階に住む子供の泣き声や掃除機の騒音に悩まされています。上階の居住者に慰謝料等を請求することができるでしょうか。

（Ｘ氏　41才　会社員）

●苦情の内容●

　Ｘさんは、平成21年、分譲マンションの一室を賃借し居住していました。Ｙは、平成22年８月頃、Ｘさんの部屋の上階の部屋を賃借して居住し、少なくとも同年４月頃以降は、妻、小学生の子２名と同居していました。

　Ｙの居住開始後、Ｙらは、子供の泣き声や早朝の掃除機の音など一家で騒音を起こし、騒音を測定すると、騒音に係る環境基準を上回っていました。このため、Ｘさんは多大な肉体的・精神的苦痛を被り、Ｘさんの妻は健康を害して治療費の支出を余儀なくされました。

　Ｘさんは、Ｙに対し、不法行為による損害賠償請求権に基づき、慰謝料300万円、弁護士費用130万円の合計430万円の支払を求めて提訴しました。

■Ｙの言い分■

　我々は普通に日常生活を送っているだけです。掃除の音や子供の泣き声などはいずれも日常生活から通常生じる音であって、受忍限度の範囲内です。

　Ｘさんが提示した騒音測定データは、信用性に乏しいと思います。

▶トラブルの結末◀

　裁判所は、次のような判断を示し、Ｘさんの請求を棄却しました。

　Ｙらの子が泣き叫ぶ声や子を叱る声、また、リビング等を走り回る音、Ｙ

らがサッシを閉める音、掃除機の使用音等の生活音は、その発生原因の性質上、長時間にわたり恒常的に発生しているものではなく、短時間に発生しているにすぎないと考えるのが相当である。

　Ｙらの子は平成25年当時、姉が小学３年生、弟が未就学児であり、姉弟喧嘩等によって子どもの泣き声が響くことは一家の日常生活に必然的に伴うものとしてやむを得ない面がある上、Ｙらは、平成25年８月ころに成立した合意を受けて、Ｙらの子が20分以上泣くことがあったら窓を閉めるというように配慮をしており、これによる生活妨害が長時間に及んでいるとか、不相当な時間帯に発生しているということはできない。

　よって、Ｙら一家による生活音は、集合住宅における社会生活を営む上で通常発生する生活音にとどまるというべきであり、受忍すべき限度を超えているとはいえないと判断するのが相当である。

トラブルから学ぶこと

　マンション内での日常の生活騒音をめぐるトラブルはよくありますが、本判決では、慰謝料等は認められませんでした。

　なお、宅建業者としての注意すべき裁判例としては、前の事例（57）の「トラブルから学ぶこと」に記載したものがあります。

（参考裁判例：平成27年11月18日東京地裁判決）

| 59 | 騒音発生にかかる執拗な苦情申し立て等は、名誉感情を侵害するのではないか。 |

<責任の主体：マンション所有者>
<請求の根拠：不法行為に基づく損害賠償請求>

　私の階下の住人が、私たち夫妻が起こす騒音で病気になったという話を管理会社の面前や管理組合総会でしたため、私たちの名誉は傷つけられました。

（X氏　80才　建築家）

●相談の内容●

　本件マンションの202号室に居住するXさん夫妻は、平成13年に床を木製のフローリングにする工事を行い、その後、平成19年、平成20年に別途改装工事を行いました。

　202号室のほぼ真下の102号室に居住するYは、平成20年工事完了後の3月、Xさんに宛てて、騒音に対する苦情の手紙を出し、翌日、Xさんは、フローリングの上にカーペットを敷き、音に注意して生活している旨手紙で返答しました。

　Yは、平成20年6月から、管理人を通じて、苦情を申し立てました。

　平成20年8月、音響設計会社が調査を行い、本件マンションの床・壁のコンクリートの厚さ等は一般的であること、工事の前後で遮音性能に大きな差が生じる要因は見当たらないが、対策としては、床上に衝撃吸収性のあるカーペットの下地を挿入することが考えられることなどが報告されました。

　その後もYは苦情を申し立て、同年12月、本件騒音問題が管理組合の臨時総会の議題に取り上げられ、平成21年1月、管理組合の理事長は、Xさんに対し、臨時総会において決議された騒音問題に対処すること等を記載した勧告書を発しました。

■Ｙの言い分■

　私は、Ｘさんの部屋から発生する騒音を防止するために必要な限度で苦情を申し立てたにすぎません。

▶トラブルの結末◀

　Ｘさん夫妻は名誉、名誉感情を侵害されたとして、慰謝料等の損害賠償を求め裁判所に訴えました。裁判所は、次のように判示し、Ｘさん夫妻（以下Ｘら）の請求を一部認めました。

１．Ｙが管理組合の役員や管理会社の面前、管理組合の総会で発言した内容は、マンションの住人らに対して、Ｘらが、Ｙに被害を与えているという印象を与えるものであり、Ｘらの社会的評価を低下させるものである。

２．Ｙが、Ｘらに対し、平成20年６月から平成21年３月にかけて、管理人を通じ、申し立てた苦情の中には、Ｘらに対する誹謗中傷とも受け止められる表現が多く含まれ、それらの苦情が非常に多数回にわたって申し立てられたことを考慮すると、Ｙの上記苦情は、社会通念上許される限度を超え、Ｘらの名誉感情を侵害するものであったといわざるを得ない。

３．平成20年工事が終了した後、202号室から様々な騒音が四六時中発生するようになったという事実については、これを認めるに足りる証拠はない。Ｙの発言や苦情の内容が客観的事実に基づくものであるとは認められず、Ｙの行為が正当な行為であったということはできない。

４．Ｘらは、Ｙによって、精神的苦痛を被ったと認められるが、Ｙの発言内容は、一定の範囲の者に限って認識されるものであったこと、その他、諸般の事情を総合的に考慮すれば、慰謝料は、Ｘらそれぞれについて30万円が相当であり、これと因果関係のある弁護士費用としては、それぞれ３万円が相当である。

トラブルから学ぶこと

　本判決では、Yの騒音の苦情申し立て等は客観的事実に基づくものでなく、逆に限度を超えた申し立て等が名誉感情の侵害に当たるとされました。

　裁判例においては、騒音被害が受忍限度を超えるか否かについては、概ね、騒音の測定値が条例の定める基準を超えているか否か等の客観的基準で判断される傾向があります（参考：東京地裁H19.10.3判決、東京地裁H20.10.29判決）。

（参考裁判例：平成23年10月13日東京地裁判決）

60 管理規約上禁止されている民泊営業をやめさせたい。

60 | 管理規約上禁止されている民泊営業をやめさせたい。

＜責任の主体：マンション所有者＞
＜請求の根拠：規約違反に基づく損害賠償請求＞

　マンションの区分所有者が、管理規約上禁止されている不特定の者を宿泊させる営業（民泊営業）を行っています。民泊営業を止めさせたいのですが。

（Ｘさん　56才　マンション管理組合理事長）

●苦情の内容●

　本件建物の区分所有者Ｙは、平成26年11月頃、仲介業者を通じて旅行者に１日当たり１万5,000円で本件建物を賃貸する営業を開始し、その営業は平成28年８月上旬ころまでの約１年９か月間続きました。

　上記の期間中、本件建物の利用者により、例えば、次のような問題が生じました。

- ・Ｙによる営業のため、本件マンションの居住区域に短期間しか滞在しない旅行者が入れ替わり立ち入る。
- ・利用者がエントランスホールにたむろして他の居住者の邪魔になる、部屋を間違えてインターホンを鳴らす、共用部分で大きな声で話す、本件建物の使用者が夜中まで騒ぐなど迷惑行為が頻発する。
- ・大型スーツケースを引いた大勢の旅行者が、本件マンション内の共用部分を通ることから、共用部分の床が早く汚れ、清掃及びワックスがけの回数が増えた。
- ・ごみを指定場所に出さずに放置して帰り、後始末を本件マンション管理の担当者が行わざるを得ない。

　本件マンションの管理規約上は、本件建物の用途につき、住宅、事務所以外の使用を規制していたが、本件管理組合は平成27年３月に臨時総会を開き、「住戸部分は住宅もしくは事務所として使用し、不特定多数の実質的な宿泊施設、会社寮等としての使用を禁じる。尚、本号の規定を遵守しないことによって、他に迷惑又は損害を与えたときは、その区分所有者はこの除去

197

と賠償の責に任じなければならない。」と、同規約を改正しました。

　Yは、本件管理組合から注意や勧告等を受けましたが、平成28年8月上旬ころまでは、本件建物を旅行者に賃貸する営業を止めませんでした。

　平成27年7月、本件管理組合の理事長兼管理者であるXさんは、総会で承認を得て、Yに対し、民泊営業の停止等を求め、併せて弁護士費用50万円の損害賠償請求を提訴しました。

　平成28年10月、Yは結審前に本件建物を売却し、区分所有権を失いました。

▶トラブルの結末◀

　裁判所は、次のとおり判示し、Xさんの請求を一部認容しました。

1．管理者は、規約または集会の決議によりその職務に関し区分所有者のために原告または被告となることができ（区分所有法26条）、管理規約違反の行為に対する差止請求等について、費用償還ないし損害賠償を求めることもできる旨定められている。したがって、Xに本件訴訟における損害賠償請求の当事者適格を認めることができる。

2．Yの行っていた賃貸営業は、インターネットを通じて不特定の外国人旅行者を対象とするいわゆる民泊営業そのものであり、旅館業法の脱法的な営業に当たる恐れがあるほか、管理規約に明らかに違反するものと言わざるを得ない。

3．そうすると、Yによる本件建物における民泊営業は、区分所有者に対する不法行為に当たり、弁護士費用相当額の損害を賠償しなければならない。本件の経緯にかんがみると、弁護士費用としては50万円が相当である。

トラブルに学ぶこと

　いわゆる「民泊」については、平成29年6月に「住宅宿泊事業法」（民泊新法）が成立し、都道府県への届け出や宿泊者名簿の作成、民泊住宅と分かる標識などを義務付けた上、年間営業日数180日を上限として合法的に民泊運用をすることが可能になりました。

　民泊は訪日外国人の宿泊の受け皿となる一方、本件のようなゴミ出しや騒音などを巡り、近隣住民とのトラブルが頻発していますので、適正なルールづくりが益々重要となってきています。

（参考裁判例：平成29年1月13日大阪地裁判決）

61 | 管理組合費に含めて徴収すると管理規約で定められた町内会費を払わない区分所有者がいる。

<責任の主体：マンション所有者>
<請求の根拠：規約に基づく管理費支払請求>

　私たちのマンション管理組合では、町内会費を管理組合費に含めて徴収しているのですが、区分所有者の1人が、町内会費は管理組合費として請求することはできないと主張して、長期にわたって支払っていません。区分所有者の町内会への加入は不可欠であり、町内会費は管理組合を運営するための費用の一部だと考えているのですが。

（X氏　63才　管理組合理事長）

●苦情の内容●

　Aマンション親和会は、昭和50年6月、戸数80戸の新築マンションの自治会として設立されました。当時の区分所有法には、管理組合の当然設立の規定はなく、親和会も任意の団体でしたが、親和会設立当時に区分所有者全員の同意で、自治会費月300円と町内会費月200円は、親和会が徴収を行い、管理費・修繕積立金は別途管理会社に直接支払う形態をとることになりました。

　Yは、昭和58年3月にAマンションの区分所有者となり、改正区分所有法により、昭和59年1月以降マンション管理組合は当然設立となりましたが、親和会は従来の名称で活動していました。

　平成4年1月、親和会総会において、管理組合Xが設立され、従前の自治会費等月500円は「管理組合費」に名称が変わり、管理組合運営のための費用が400円、町内会費が100円とされました。当時のYの負担月額は、管理組合費500円、管理費と修繕積立金7,720円（後に1万7,350円まで増額）になりました。

　Yは、平成16年9月以降、管理組合費、管理費と修繕積立金を滞納したため、Xさんは滞納（33か月）分52万円余の支払いと、Yが今後本件マンションを所有している間の支払いを求めて提訴しました。

■区分所有者Yの言い分■

　町内会は一定の地域に住んでいる人達で組織される自治組織で、自主的な団体です。町内会費は住民が任意に支払いを委ねられているものであり、法的に支払いを強制されるものではありません。

▶トラブルの結末◀

　裁判所は、次のように判示し、Xさんの請求を一部認めました。

1．町内会は、一定地域に居住する住民等を会員として設立された任意の団体であり、多くの場合権利能力なき社団としての実態を有している。町内会の目的・実態からすると、町内会へ入会するかどうかは個人等の任意によるべきであり、一旦入会した個人等も、町内会の規約等において退会の制限を定める等の特段の事由がない限り、自由に退会の意思表示をすることができるものと解すべきである。

2．町内会費の徴収は、共有財産の管理に関する事項ではなく、区分所有法3条の目的外の事項であるから、マンション管理組合において多数決で決定したり、規約等で定めても、その拘束力はないものと解すべきである。

3．本件では、管理組合費のうちの100円は実質的に町内会費相当分としての徴収の趣旨であり、この町内会費相当分の徴収をマンション管理組合の規約等で定めてもその拘束力はないものと解される。よって、未払の町内会費相当分を求めるXの主張は理由がない。その他の未払の管理組合費の支払いを求めるXの主張は理由があるので、Yは町内会費相当分を除く未払の管理組合費を支払うべきである。

トラブルから学ぶこと

　従来からの慣行で、マンション管理組合の規約で定めて、自治会費を
マンション管理組合の管理費の中で徴収している場合も見られますが、
本判決が示すように、自治会の活動はマンション管理組合の業務とは関
係がありませんので、たとえ規約で定めても、拘束力はないということ
になります。

　強制徴収できる管理費は、マンション管理組合の業務に必要な経費に
限られますので、留意が必要です。

（参考裁判例：平成19年 8 月 7 日東京簡裁判決）

紛争事例研究会　メンバー
((一財）不動産適正取引推進機構　調査研究部　内)

【座長】
研究理事・調査研究部長　　　藤川　眞行
【主査】
調査研究部調査役　　　　　　亀田　昌彦
【構成員】
調査研究部次長　　　　　　　金子　寛司
調査研究部主任研究員　　　　中戸　康文
調査役　　　　　　　　　　　山本　正雄
調査役　　　　　　　　　　　葉山　　隆

紛争事例で学ぶ 不動産取引のポイント
実務叢書 わかりやすい不動産の適正取引 シリーズ

2019年8月30日　第1版第1刷発行

編　集　　(一財)不動産適正取引推進機構
　　　　　　（略称：ＲＥＴＩＯ）
著　　　紛 争 事 例 研 究 会

発行者　箕 浦 文 夫
発行所　株式会社大成出版社

〒156—0042
東京都世田谷区羽根木1—7—11　TEL 03（3321）4131㈹
https://www.taisei-shuppan.co.jp/

©2019　(一財)不動産適正取引推進機構　　　印刷　信教印刷
落丁・乱丁はおとりかえいたします。
ISBN978—4—8028—3377—6

(実務叢書) わかりやすい 不動産の適正取引 シリーズ

(一財) 不動産適正取引推進機構 編集

【実務叢書 発刊の趣旨】

- 近年の宅地建物取引業法に関する法令改正、裁判例の蓄積等に伴い、宅地建物取引業者、宅地建物取引士等に求められる知識、ノウハウが大幅に増加しています。

- 本実務叢書は、このような状況の中にあっても、宅地建物取引業者、宅地建物取引士等が、所要の知識等を身に着けて、不動産の適正取引を行うことができるよう、バランスの取れた知識等を、わかりやすい形で、普及することを目的に企画されたものです。

- 消費者の方々や不動産取引に関心のある方々等に役に立つものになることも、留意しています。

- 本実務叢書が、我が国における不動産の適正取引のさらなる推進や宅地建物取引業の信頼産業としての地位のさらなる確立に、役立つものになれば、幸いです。

Ⅰ	不動産取引における 重要事項説明の要点解説
	重要事項説明研究会　著

Ⅱ	紛争事例で学ぶ 不動産取引のポイント
	紛争事例研究会　著

Ⅲ	新版 わかりやすい 宅地建物取引業法
	周藤　利一●藤川　眞行　著

Ⅳ	不動産売買における 媒介報酬の要点解説(仮称)
	下村　正明　著

Ⅴ	不動産媒介営業の要点解説(仮称)
	岡本　正治●宇仁　美咲　著

<刊行(予定)順。その他、今後、新たな企画・刊行も予定>